JN070419

「学びの場」を変えたいすべての人へ

インタラクティブ・ティーチング

実践編 **2**

学びを促すシラバス
──コースデザインの作法と事例──

［編著］
栗田佳代子 東京大学教授
中村長史 東京大学特任講師

［協力］
日本教育研究イノベーションセンター

河合出版

はじめに

　本書を手にとっていただきありがとうございます。

　「いかに教えたか」から「いかに学んだか」へ。現在、教育は大きな転換期にあります。そして、学びの環境をより良いものにするための書籍や動画、研修など様々な知識獲得の機会もかなり充実してきました。

　そのなかで、東京大学 大学総合教育研究センターと一般財団法人日本教育研究イノベーションセンターは、「インタラクティブ・ティーチング」という教え方を学ぶためのオンライン講座を、2014 年から 2016 年にかけて日本語 MOOC プラットフォームである gacco において開講しました。この講座は、東京大学で実施されている大学院生および教職員を対象とした「東京大学フューチャーファカルティプログラム（東大 FFP）」[1] の蓄積をもとに構成されており、学生が主体的に学ぶための教育のあり方について、特に「ともに学ぶ」ことに重点をおいたものです。ともすれば、一方向になりがちなオンライン講座ではありますが、学習者も一緒に考え、身につけていく活動を多く取り入れた実践的な内容にしました。8 週間というオンライン講座としては長期にわたる講座であったにも関わらず、大学関係者だけでなく初等中等教育関係者や民間企業の方々にも広く受け入れられ、4 期のべ約 24,000 名の方々に受講いただくことができました。

　このオンライン講座の閉講後もオンライン講座の動画は、東大 FD のウェブサイト[2] や科学技術振興機構（JST）の運営する JREC-In Portal[3] において公開され、また、その内容は『インタラクティブ・ティーチング』として河合出版より書籍化されています。この書籍は日本大学教育学会より 2018 年度の JACUE セレクションに選定されるという栄誉も受けることができました。

　しかし、教育の転換期における貢献としては十分ではないと考えた私たちは、インタラクティブ・ティーチングの動画を予習教材として活用した「インタラクティブ・ティーチング」アカデミー（以下、アカデミー）というブレンド型の体系的研修を開発し、2018 年より提供してきました。

　今や、教育に関する知識は、冒頭のとおり書籍や動画など多様な手段によって容易に手に入れることができます。しかし、その「抽象的な」知識を、「じぶんごと」にし、実際に活用していくことは容易ではありません。例えば、レポートなどの評価に用いられるルーブリックを例にとると、ルーブリックに関する知識は簡単に手に入りますし、作成プロセスも非常にシンプルなもので、比較的容易にその概念や構造、使い方などは理解できるでしょう。しかし、概念などを理解する段階と、それを実際に自分の授業において作成し、活用する段階との間には大きなギャップがあることもまた事実なのです。つまり「知っているけど使えない」ということが生じるのです。このギャップをうめようとしたのが「インタラクティブ・ティーチング」アカデミーです。

　しかしながら、アカデミーは研修ですので参加しなければその体験はできません。アカデミーに参加できなかった方々にも、この「学んだことをじぶんごとにする」ということの重要性をご理解

1　参考ウェブサイト：https://utokyofd.com/ffp/about/
2　参考ウェブサイト：https://utokyofd.com/
3　参考ウェブサイト：https://jrecin.jst.go.jp/seek/SeekTop

いただき、また、「じぶんごとにする」ための手立てを届けたい ─ その思いを形にしたのが、本書が含まれる3冊の書籍です。これらの書籍に通底するのは、「理論・概念」と「実際」の架橋を目指すという点です。

　本書は、これまで主として授業選択資料として用いられてきたシラバスをあらためて「学習者の学習を促す」および「授業全体をデザインする（コースデザイン）」ためのツールとして見直し、活用することに主眼をおいています。どのようにシラバスを作成すれば良いのか、また、どのようにコースデザインのツールとして用いるのか等、シラバスの役割をとらえ直し、コースデザインの方法を具体的に提示し、多様な実例をおさめています。本書を読むことでシラバスに対する見方が変わり、実際にシラバス作成を通してコースデザインができることを体験いただきたいと考えています。

　本書が想定する読者は、基本的にはオンライン講座と同様に、大学や短大、高専などの高等教育機関の教員やこうしたアカデミック・ポストを目指す大学院生ですが、教育方法は学校種や教える内容に限らず普遍的なところも多いことから、小中学校や高等学校など初等中等教育の先生方にも役立つ内容であると考えています。

　なお、本書が含まれる3冊の書籍は、アカデミーにおける主要なトピックであった「クラスデザイン」「コースデザイン」「ルーブリック」を扱っており、本書はその第2巻となります。「クラスデザイン」は既刊であり、今後「ルーブリック」が刊行されます。これらの書籍に込めた私達の思いが伝わり、「学んだことをじぶんごとにしたい」方々のお役に立つと幸いです。

2023年6月

栗田佳代子・中村長史

本書の構成と使い方

　本書は4章で構成されています。第1章から順番に読み進んでいただくことを想定していますが、関心のあるところから読むことも可能です。以下に、各章の概略を説明しますので、まずページを開きたいところを見つける参考としてください。

　第1章は、シラバスの全体像について、意義や活用とともに説明しています。シラバスのそもそもの定義や役割、活用方法など全体像について学びます。

　第2章は、シラバスの作成方法について扱います。シラバスの基本的な項目について確認してから、特に重要と思われる項目について事例を交えながら、段階を追って作成していけるように学びます。

　第3章は、グラフィック・シラバスの作成方法を紹介します。シラバス作成において授業計画を立てる際に、グラフィック・シラバスはそのデザインつまりコースデザインをする上での強力なツールです。本章では、事例も交えながら、グラフィック・シラバスの作成過程を実際にたどります。

　第4章は、シラバスの事例集です。「インタラクティブ・ティーチング」アカデミーというかつて行われていた研修において作成されたシラバスです。現在、大学や高校で教鞭をとっている先生方の多様な授業のシラバスが、グラフィック・シラバスとともに紹介されています。各事例から、様々な工夫を学ぶことができるでしょう。

　末尾には、本書における参考文献を所収しています。

目次

第1章 シラバスについて知る

　本章では、シラバスの定義について整理した上で、その役割および活用方法を解説します。シラバスというと、学生が授業選択の資料として活用される資料という捉え方をすることが多いのではないでしょうか。もちろんそれも活用方法の一つでありますが、ここでは、学生の学修を促すことのできるツールとしての活用をはじめとする、より広いシラバスの活用について理解を目指します。

1.1. シラバスとは何かを知る

　シラバスは 2008 年の中央教育審議会答申の用語集において次のように説明されています。

> 各授業科目の詳細な授業計画。一般に、大学の授業名、担当教員名、講義目的、各回ごとの授業内容、成績評価法・基準、準備学習等についての具体的な指示、教科書・参考文献、履修条件などが記されており、学生が各授業科目の準備学習等を進めるための基本となるもの。また、学生が講義の履修を決める際の資料になるとともに、教員相互の授業内容の調整、学生による授業評価等にも使われる。

　シラバスは今や日本のほぼ全ての大学において作成されています。毎年文部科学省が実施している「大学における教育内容等の改革状況について」の平成 30 年度の調査では、学部・大学院ともにシラバスはほぼ 100% となっています。さらには、シラバスの作成にあたりその内容を担当教員以外が検討・修正する機会を設定している大学も全体の 80% にのぼっています。以上のことから、良いシラバス作成に向けたとりくみが進んでいることがうかがえます。

　しかし、日本の高等教育における「シラバス」が指す文書は、アメリカ等の国外の大学における「シラバス」とは、ときに異なる場合があります。

　日本で「シラバス」が指す文書は、紙に印刷すれば A4 版で 1 ～ 2 ページ程度の分量におさまっているものが多いですが、これは、かつて授業要覧と呼ばれた学生の授業選択用の冊子が、充実を図る中で現在の形に発展してきたものです（中島, 2016）。

表1　Course Bulletin あるいは Course Catalogue で提供される情報の例

項目	説明
Course ID	BIO101 など授業科目につけられたコード
Course Title	名称
Course Description	授業科目の概要
Format	対面あるいはオンラインなど授業形式
Semester Course Offered	開講時期
Grading	合否あるいは A-F など成績のつけかた
Unit	修得できる単位

　国外の大学では、授業要覧は "Course Bulletin"，"Course Catalogue" と呼ばれ、例えば、表1のような項目で構成されています。一方、アメリカにおけるシラバスとは、授業に関する詳細な文書であり「事務的連絡文書」「法的契約書」「学術情報文書」「学習指導書的文書」といった性質を有しています（苅谷, 2012）。これだけの性質をもたせようとすれば当然のことながら情報量も分量も多くなり、ときに 10 ページを超えるものも珍しくはありません。日本でもこの詳しい「シラバス」は、前述の授業要覧発展版の「シラバス」とは別に授業初回配布用として作成されるようになってきました（中島, 2016）。

　本書では、「学びを促す」という観点から、本書で扱うシラバスは、この授業初回配布用のシラバス、つまり、アメリカにおいて一般的にみられるシラバスとして扱います。

1.2.　シラバスの役割・活用法を知る

　本来シラバスは、学生の授業選択のための資料だけではない多様な役割があります。

　まず、学生にとっては、シラバスは授業選択の他、先述の文部科学省による説明にもある「各授業科目の準備学習等を進めるための基本となるもの」、つまり、学習をガイドするという重要な役割をもちます。授業を受講している間に折を見て参照し、予習をしたり、参考文献の情報を得たり、課題にとりくむ見通しを立てたりするのに用いることができる文書なのです。

　また、教員にとっては、現状の一般的な認識よりもシラバスは多くの役割を持ちます。まず、第一にコース[4] デザインツールとしての役割です。つまり、一つの授業科目について、目的・目標の設定や評価方法、授業回の順序や構成をデザインするための機会として扱うのです。単なる学習内容の羅列ではなく、達成して欲しい目標に応じて最適なデザインを行うというとらえ方をしてみましょう。

　次に、カリキュラムとの整合性を確認するという役割もあります。大学のカリキュラムは、学位授与基準であるディプロマ・ポリシーが達成されるように定められたカリキュラム・ポリシーにしたがって構成されています。一つ一つの授業はこのカリキュラム・ポリシーに基づいて位置づけられています。ある授業科目がカリキュラム・ポリシーに則りどのような位置づけにあるかは、単に

4　本書における「コース」とは、「教育心理学コース」のような専攻やカリキュラムではなく、「生物学入門」「政治学」のように一つの授業を指します。

授業科目名ではなくその中身で判断されますが、そのための情報をもちうる最適な文書がシラバスなのです。シラバスは、カリキュラムの妥当性を問われるときに、その根拠となります。

　さらに、シラバスは教員の教育力を評価する際の一つの根拠資料となります。近年、教員公募の際に応募資料としてシラバス提出を求める大学が増加していますが、それはシラバスによって、授業のデザイン能力を確認することができるためです。教員の教育業績を評価する文書でもあるティーチング・ポートフォリオにおいても、シラバスは教育能力を示す根拠資料の一つとして位置づけられています。

　これまでシラバスを、学生にとって、教員にとって、といったそれぞれに対する役割という観点でとらえてきましたが、「両者にとって」という役割もあります。それは、授業における約束ごとを確認する文書、というものです。これは、ある意味、契約書としての役割です。成績評価に関する明示だけでなく、「グループ活動への積極的な参加を求めます」「履修要件として、○○の知識を前提とします」などを記載することで、受講における両者のスタンスの齟齬を避けることができます。

　以上のような多様な役割があることをふまえた上で、第2章においてシラバスの作成方法についてみていきましょう。

参考文献

苅谷剛彦（2012）『アメリカの大学・ニッポンの大学』中央公論新社
中島英博編著（2016）『授業設計』玉川大学出版部

第2章 シラバスを作成する

　本章では、シラバスの具体的な作成方法について扱います。シラバスの作成をコースデザインとしてとらえ、「逆向き設計（Backward Design）」と呼ばれる方法に基づいて学んでいきます。また、学生の学習へのモチベーションの喚起・維持・向上に配慮して設計する方法についてもとりあげます。こうした点を意識して学生の学びを促せるシラバスを目指しましょう。

2.1.　コースデザインの方針を定める

　まず、シラバス作成をコースデザインととらえる際に有効なデザイン方法をみていきましょう。それは「逆向き設計」（Wiggins & McTighe, 2005）と呼ばれる方法です。

　逆向き設計は次の三つのステップから成り立っています。目標を設定し、その目標に応じた結果からさかのぼって設計していくため、逆向き設計と呼ばれます。

> （ステップ1）到達目標、学習成果の決定：求められている結果を明確にする
> （ステップ2）評価方法、最終課題の決定：承認できる証拠を決定する
> （ステップ3）授業内容、方法の決定：学習経験と指導を計画する

（ステップ1）到達目標、学習成果の決定：求められている結果を明確にする

　ステップ1は、その授業の目標を定めるということになります。この授業を受講することで、学生はどのような知識・スキルが身につくのか、という到達点を定めます。

　例えば、「統計的データ解析」という授業においては、「目の前にあるデータに対して、適切な分析方法を選択する」「分析結果を正しく解釈できる」といったことを到達目標として設定することができます。

（ステップ2）評価方法、最終課題の決定：承認できる証拠を決定する

　ステップ2では、ステップ1で定めた到達目標をどのようにして確認するのか、その評価方法を定めます。つまり、学習者のどのような成果物を観察すれば目標が到達できたといえるのか、その具体的な方法や課題を決定するのです。

　例えば、上記の「目の前にあるデータに対して、適切な分析方法を選択する」や「分析結果を正しく解釈できる」については、特定のデータセットを示してその分析方法を選択する、あるいは分析結果のテーブルを示して解釈について述べるような試験問題や、データを示してそれについて分析を求めるレポート課題を課す、などが考えられます。

（ステップ3）授業内容、方法の決定：学習経験と指導を計画する

　ステップ3はステップ2に到達するために授業内容を実際に考えるという段階です。どのような内容や学習方法がふさわしいのかについて具体的に設計します。

　先程の例でいえば、データの種類や、分析方法についての知識、各分析方法の適用の判断基準や、各分析方法の結果の解釈方法についてなどが授業内容として含まれ得るでしょう。

　この逆向き設計の考え方は、コースデザインの基本となるものです。2.2.節以降では上記の三つの各ステップについて詳しく解説していきます。シラバスを作成する際には、大まかには目的・目標（2.2.節）→ 評価方法（2.3.節）→ 内容（2.4.節）という順にとりくんでいくと良いでしょう。

　また、本章では、学生の学習へのモチベーションの喚起・維持・向上にも留意しながらシラバスの作成方法を解説していきます。各節において、モチベーションに配慮したコースデザインについて具体的に言及します。

【Tips1】モチベーションへの配慮：価値・期待・環境

　シラバスは学生にとって授業を受講する前にその内容を知る手段です。また、授業が始まったあとも学習意欲を維持するための支援ツールということもできます。この観点から考えると、シラバスの作成、つまり、コースデザインをする上で学生のモチベーションの喚起や維持、向上を考慮することは非常に重要です。学生のモチベーションの喚起・向上・維持（アンブローズ他, 2014:pp.74-94）はいまや教員の責任です。シラバスもこの点に留意して作成していきましょう。

　学習におけるモチベーションについては既に多くの知見がありますが、なかでも、学生が授業にどのような**価値**（value）を感じられるか、また、学生が自分は目標に到達し得ると感じられるか、という**期待**（expectancy）、学生と教員との間や、学生間に学習を支え合うような協力的な**環境**（environment）があるのか、という三点に留意すると良いでしょう。これらは、実際の授業においてはもちろんのこと、シラバスにおいても学生に伝えることができます。

　三点のうち、価値と期待については到達目標、学習成果の決定（2.2.節）に際し、環境については授業内容、方法の決定（2.4.節）に際して、それぞれ具体的にみていきます。

2.2.　到達目標、学習成果の決定

　ここでは、2.1.節で説明した逆向き設計におけるステップ1について詳しく解説していきます。シラバスには、一般的に目的や目標の記述が求められます。これらについて関係性も含めて理解し、具体的な設定方法について学んでいきましょう。

2.2.1.　目的を定める

　授業における目的とは、端的にいえば、授業の存在意義です。この授業が何のために存在するのか、なぜ受講すべきであるのか、その問いに対する答えが、目的です。目的は、シラバスにおいて

は冒頭付近におかれることが多く、概要に含まれることもあります。また、ディプロマ・ポリシーに対して、その授業がどのような関連があるのかも、ここで説明します。

多様な価値が含まれていることを示す

　目的を考える際には、学生のモチベーションの維持・向上・喚起に留意しましょう。【Tips1】(p.11)にある価値・期待・環境のうち、ここでは、「学生が授業にどのような価値を感じられるか」について説明します。価値には、達成価値や内発的価値、道具的価値といったものがあります。達成価値とは目標やタスクの習得と達成から満足が得られたかどうかです。「データ分析が自分でできるようになった」「一冊の教科書の内容を理解できた」などが達成価値として考えられるでしょう。内発的価値は、タスクを行うことそのものに価値を感じられるかどうかということです。「プログラミングのコードを書くことが楽しい」「グループでのディスカッションに夢中になる」などが例として挙げられます。道具的価値は、他の重要な目標を達成する上でその内容が役に立つかどうか、という価値です。「今回の授業内容が来年の卒業論文執筆に役に立つ」「資格取得に必要な授業内容である」などが道具的価値に該当するでしょう。

　こうした三つの価値がありますが、どの価値に魅力を感じるかは学生によって様々です。また、価値を多く感じられるほどモチベーションが高まることが知られています。したがって、シラバスを作成する際には、その授業に多様な価値があることを明確に示すように心がけましょう。

主語と動詞に注意する

　目的を文章化する際には、その主語と動詞の選択に留意しましょう。シラバスの読み手は学生ですから、主語は学生とします。また、目的は授業の存在意義を示すものですから、動詞は包括的あるいは総括的なものとなります。例えば、「統計的なデータを分析する方法の適切に利用するために、その特徴や具体的手続きを解説する」では、前半は良いのですが、最後の動詞が「解説する」であることから主語は学生ではなくて教師となっています。したがって、この目的を修正するならば「統計的なデータを分析する方法の適切に利用するために、その特徴や具体的手続きを理解する」とすれば良いでしょう。

　表2に目的に適した動詞の例を挙げます。これらは一例であり、必ずこれらでなければならないというものではありません。

表 2　目的の記述に用いる動詞の例

知る	認識する	理解する	感ずる	判断する
価値を認める	評価する	位置づける	考察する	使用する
実施する	適用する	示す	創造する	身につける

出典：佐藤編（2010: p.6）

2.2.2. 目標を定める

　目標とは、目的をふまえて具体的にできるようになって欲しいことです。その授業が終了した際に学生に到達していて欲しい状態だといえます。

目的を実現するうえで過不足ない数の目標を設定する

　目標を設定する際には、先に設定した目的との関連を意識し、目的を実現するうえで過不足なく設定することが重要です。目標は一つの事項ごとに記述し、箇条書きの形式をとります。授業の性質にもよりますが、一般的に目的に対して数個から多くとも十個程度の目標が設定されることが多いです。

主語と動詞に注意する

　目標の設定に際しては、目的同様、学生を主語として記しましょう。目的は総括的でやや抽象的な表現となっているので、目標を記述する際には、何ができたら目的が達成できたことになるのか、具体的で外部から観察することが可能な表現を用いる必要があります。例えば、「○○についての問題意識を高める」や「○○を味わう」という表現では、学生がそうした状態に到達できたかを外部から観察することができません[5]。表3に目標に適した動詞の例を挙げましたので参考にしてください。ただし、これらもあくまでも一例です。

「ジャンプすれば届く」目標を設定する

　目標を考える際にも、学生のモチベーションの維持・向上・喚起に留意しましょう。先述の価値・期待・環境のうち、ここでは、「学生が自分は目標に到達し得ると感じられるか」という期待について説明します。ここで重要なのは、学生が「頑張れば到達できるレベル」で目標を設定することです。多くの学生にとって難しすぎるものでは、「自分も到達できる」という期待が失われ、学習へのモチベーションが下がってしまいます。逆に、多くの学生にとって易しすぎるものでは頑張る必要がないため、同じく学習へのモチベーションが下がってしまいます。学生が「ジャンプすれば届く」程度の目標を設定するように意識しましょう。

5　外部から観察が可能な目標のみを設定する方法には批判もあります。確かに、観察が困難な目標のなかにも学生の成長にとって重要なものがあるのは事実です。ただし、その授業を担当する経験が浅いうちは、まずは学生の到達度を把握しやすい外部から観察可能な目標に限って設定しておくのが無難でしょう。同じ授業の経験を重ねていくなかで必要を感じれば、観察困難な目標についても含められないか試行錯誤をしていくのが良いと思われます（中島, 2016:pp.31-32）。

表 3　目標の記述に用いる動詞の例

知識（認知的領域）

列挙する	述べる	具体的に述べる	記述する	説明する
構成する	命名する	再構成する	計画する	見つける
分類する	比較する	一般化する	類別する	区分する
区別する	指摘する	関係づける	判断する	予測する
選択する	同定する	測定する	分析する	配列する
系統化する	正当化する	合成する	分離する	計算する
質問する	帰納する	検証する	結合する	決定する
対応する	対照する	選別する	適合する	概括する
要約する	解釈する	描写する	叙述する	推論する
対比する	公式化する	使用する	識別する	応用する
適用する	演繹する	結論する	批判する	評価する
指示する	収拾する	賛同する	発表する	報告する
暗唱する	再生する	判定する	確認する	求める
定式化する	証明する	仮説を立てる		

技能（精神運動的領域）

感じる	始める	模倣する	工夫する	動かす
実施する	創造する	操作する	調べる	準備する
測定する	混ぜる	配合する	調整する	走る
跳ぶ	投げる	反復する	打つ	止める
入れる	防ぐ	かわす	持ち上げる	引く
押す	倒す	削る	つなぐ	組み立てる
書く	描く	運転する	修理する	

態度（情意的領域）

尋ねる	助ける	討議する	寄与する	始める
協調する	見せる	表現する	感じる	協力する
参加する	反応する	応える	系統立てる	受容する
配慮する	相談する	示す		

出典：佐藤編（2010:p.8）；中島編著（2016:pp.60-61）を一部改訂

　なお、表 3 は Bloom の教育目標分類（タキソノミー）に沿って整理したものです。一口に目標といっても、様々な種類のものがあります。そこで、Bloom は、目標を「知識に関する認知的領域」、「技能に関する精神運動的領域（例：実技、実験、実習、実演）」、「態度に関する情意的領域（例：職業倫理を身につける、チームで協力してとりくむ）」の三つに分けることができると考えました（Bloom et.al., 1956; 梶田, 2010）。こうした Bloom の分類には改訂の試みもありますが（例：Anderson and Krathwohl, 2001; Fink, 2003; マルザーノ・ケンドール, 2013）、ここではオリ

ジナルの版をとりあげます。

　目標の設定をする際に一つの授業のなかで知識、技能、態度の全ての領域をカバーする必要は必ずしもありませんが、三つの領域に基づいて確認することで教員自身の授業がどの領域を重視しているのかを自覚するうえで有効です。もし担当授業で扱うべきであるのに欠けてしまっている領域があれば目標にとりいれるようにしましょう。

【Tips2】Bloom の教育目標分類

　Bloom らは、三つの領域の目標について、低次なものから高次なものまで段階を分けて表現しました。その結果をまとめたものが表4です。

表4　Bloom の教育目標分類[6]（梶田, 2010:p.128 を参考に作成）

	知識 （認知的領域）	技能 （精神運動的領域）	態度 （情意的領域）
高次	評価[7] （学んだことをふまえて物事の評価ができる）		
↑	統合 （学んだものを組み合わせたり新たなものを作れたりする）	自然化 （習慣的な動作として行える）	個性化 （複数の価値観が一貫した内的体系や世界観を形成し、行動を促せる）
	分析 （学んだことをふまえて与えられた場面や状況を分析できる）	分節化 （複数の動作を順序よく、かつ一貫性が高く行える）	組織化 （複数の異なる価値の相互関係を決め、中心的価値を設定できる）
	応用 （学んだことを他の場面・状況に当てはめられる）	精密化 （臨機応変の動作ができる）	価値づけ （新たな現象や刺激のもつ価値を理解し、それを自分のものとする）
↓	理解 （学んだことを説明できる）	巧妙化 （示された動作を誤りなく行える）	反応 （新たな現象や刺激に対して能動的に反応する）
低次	知識 （事実や用語を知っている）	模倣 （示された動作を真似ることができる）	受け入れ （新たな現象や刺激に対して注意を向ける）

　全ての次元をカバーする必要は必ずしもありませんが、自分の授業の目標が目的に沿ったものとなっているか、難しすぎたり易しすぎたりしないか等を確認し、改善を図るうえで有効です。例えば、学んだ理論的な知識を活用して自分なりに現実世界の課題に取り組めるようになることを目的とする授業において、知識（認知的領域）に関する目標が「知識」や「理解」と

6　Bloom の教育目標分類については、『インタラクティブ・ティーチング　実践編1』も参照してください。
7　改訂された目標分類では、認知的領域の「評価」は「創造」、一つ下の「統合」が「評価」に変更されています。

いった低次のものばかりになっていることに気づいたとしましょう。その場合には、「応用」や「分析」、「統合」といった、より高次の目標についても含める形で改善することができます。

　同様に、技能（精神運動的領域）についても、示された動作を真似る「模倣」の段階から習慣的な動作として行える「自然化」の段階まであります。また、態度（情意的領域）については、新たな現象や刺激に対して注意を向ける「受け入れ」の段階からいかなる場合でも一貫した態度をとれる価値観を確立した「個性化」の段階まであります。自分の授業の目標が目的に沿ったものとなっているか、難しすぎたり易しすぎたりしないかを確認し、適宜改善するようにしましょう。

具体的に記す

　目標を示す際には、可能な限り具体的に記すことも意識しましょう。例えば、目標到達に条件や基準がある場合には、「○分以内に辞書を使いながら訳せること」や「△個以上説明できること」といった形で示すようにしましょう。教員にとって到達度を評価しやすくなるのはもちろんのこと、学生にとっては「求められている結果」のイメージがつきやすくなり、モチベーションの喚起・維持・向上の観点からも好ましいからです。

やってみよう！

　以下のポイントを参考にしてシラバスの「目的」「目標」を定めてみましょう。

【目的を定めるときのチェックポイント】
- ☐ 授業の存在意義を示すような目的を設定した
- ☐ 授業の存在意義に多様な価値が含まれていることを明示した
  （学生のモチベーションに配慮した）
- ☐ 主語を学生にした
- ☐ 包括的・総括的な動詞を用いた

【目標を定めるときのチェックポイント】
- ☐ 目的を実現するうえで足りない目標や余分な目標がないように設定した
- ☐ 多くの学生にとって難しすぎたり易しすぎたりしない目標を設定した
  （学生のモチベーションに配慮した）
- ☐ 主語を学生にした
- ☐ 一つの目標に一つの動詞を用いた
- ☐ 客観的に評価することが可能な動詞を用いた
- ☐ 目標到達に条件や基準がある場合には具体的に示した

2.3. 評価方法、最終課題の決定

　ここでは、2.1. 節で説明した逆向き設計におけるステップ2について詳しく解説していきます。目標との関係を常に意識しながら学んでいきましょう。

2.3.1. 目標に対応した評価方法を定める

　目標を定めたら、それについて学生がどの程度到達できているかを評価するための方法を考えましょう。なんとなく試験やレポートを課すのではなく、それぞれの目標について、最もよく到達度を確認できる方法を意識的に選ぶことが重要です。ここでも Bloom の教育目標分類に沿って、使われることの多い評価方法を整理してみると、表5のようになります。参考にしてみてください。

表5　目標に応じた評価方法の例（中島, 2016:p.36 を参考に作成）

	知識 （認知的領域）	技能 （精神運動的領域）	態度 （情意的領域）
客観試験	○ （特に低次の目標）		
論述試験	○ （特に高次の目標）		
レポート	○ （特に高次の目標）	○	○
口述試験・面接	○		○
観察試験・観察評価	○	○	○
実演・制作		○	○
ポートフォリオ		○	○
心理テスト			○

　なお、評価には、学生の学習成果の到達度を測定するための「総括的評価」のみならず、学生の学習がうまくいっている点や改善を要する点を途中で把握するための「形成的評価」もあります。設定した目標に照らして評価する点では「総括的評価」と同様ですが、学習途上で状況を把握することで、学生の理解が十分ではない点について授業中に追加の説明を加えたりするなど、学生の学びを促すことができます。具体的には、ミニッツペーパー[8] や大福帳[9] に授業で重要だと思った点や

8　ミニッツペーパー：授業で配布し、学生に興味・関心や疑問点、理解度などを数分で記入してもらい回収する紙のこと。

9　大福帳：学生が授業を振り返ったり、学生と教員とがコミュニケーションをとったりする手法。出席や積極的な受講態度の促進、信頼関係の形成、授業内容の理解と定着が図れます。授業回数分の記入欄を作ったカードを学生に配布し、「学生がコメントを記入して提出、そこに教員が短い返事を書いて次回授業時に返却……」ということを繰り返します。

わからなかった点を記してもらったり、小テストで授業内容の理解度を試したりする方法などがあります。あくまでも学習途上での改善が目的ですから成績評価には基本的に含めません [10]。

【Tips3】 総括的評価と形成的評価

総括的評価と形成的評価との違いについて、表6のように整理することができます。

表6　総括的評価と形成的評価

	総括的評価	形成的評価
目的	達成された成果の測定	学習途上の改善
機能	合格水準判定	優れた点や改善点のフィードバック
実施時期	学習終了後	学習中
課題の範囲	広い（発展課題も含む）	狭い（学習内容のみ）
成績評価	含める	基本的に含めない

評価を行う目的や機能の違いが実施時期や課題の範囲、成績評価に含めるかの違いにつながっている点を確認しましょう。

評価というと総括的評価に目が向きがちです。特に、逆向き設計では、目標への到達度を評価するという観点が強くなるでしょう。しかし、評価をすること自体が授業の目的ではなく、あくまでも学生の目標到達を促すことが重要ですので、形成的評価の機会にも十分に留意しましょう。

2.3.2.　評価方法の詳細を定める

評価方法を大まかに決めた後には、評価を実施する時期や条件等の詳細についても検討し、シラバスに記載するようにしましょう。学生にとって、どのような形で到達度を確かめられるのかは大きな関心事項です。例えば、試験やレポートの実施時期や締め切り、ノートの持ち込みの可否等についてもシラバスに記しておくと、学生は「求められる結果」のイメージを持ちやすくなり、授業期間中の学習意欲を保ちやすくなるでしょう。

2.3.3　目標設定にたちかえる

評価方法を詳しく定めていくなかで、先に立てていた目標が曖昧であったことに気づくことがあります。そういった場合には、目標設定にたちかえり、目標を再設定しましょう。例えば、単に「統計分析を使えること」では、学生の到達度を正確に把握できないことに気づいたならば、「与えら

10　場合によっては、ミニッツペーパーや大福帳を学生が提出すると「出席点」や「ボーナス点」を得られるという仕組みを導入することもできます。形成的評価の趣旨からはずれますが、担当する授業によっては、学生のモチベーションの喚起・維持・向上につながることもあるため、絶対に成績評価に含めてはならないわけではありません。

れたデータに適切な統計分析を選択して適用し、結果を解釈できること」といったように更に具体化することができるでしょう。

　本書では「目的・目標 → 評価 → 内容」という逆向き設定の順に沿って説明していますが、実際には三つのステップを「行きつ戻りつ」することも十分にあり得ます。これはまったく不自然なことではありませんので、うまくいかないステップが出てくれば、そのステップだけで改善を図ろうとせずに、前のステップに戻って検討してみましょう。そして、また逆向き設定の順に沿って検討を続けていきましょう。

> **やってみよう！**
> 以下のポイントを参考にしてシラバスの「評価方法」を定めてみましょう。
> ☐ 目標との対応を意識して評価方法を選んだ
> ☐ 総括的評価あるいは形成的評価かを意識して評価方法を選び配置した
> ☐ 評価を実施する時期や条件について具体的に記した

2.4. 授業内容、方法の決定

　ここでは、2.1. 節で説明した逆向き設計におけるステップ 3 について詳しく解説していきます。目標や評価方法との関係を常に意識しながら学んでいきましょう。

2.4.1. 学習内容を絞り込む

　授業内容を定めるうえで重要なのは、内容を絞り込むことです。その分野の専門家である教員からすれば、あれもこれもと教えたくなるのは自然なことです。熱心な教員ほど、そのように考えがちです。しかし、授業時間が限られている以上、内容があまり多すぎたり細かすぎたりすると、学生は消化不良になってしまいます。これは、学生のモチベーションの喚起・維持・向上という観点からも望ましくありません。

　では、どのようにして内容を絞り込めばよいのでしょうか。言い換えれば、どのようにして内容に優先度をつければよいのでしょうか。ここでも、やはり目標との関係が重要になります。教えようとしている内容を、目標に照らして整理してみると、学生が目標に到達するうえで①「不可欠なもの」、②「関連するが不可欠とまではいえないもの」（発展的な内容等）、③「関連が薄いもの」に分けることができます。その際、③「関連が薄いもの」はもちろんのこと、②「関連するが不可欠とまではいえないもの」についても授業内容からは外して、①「不可欠なもの」に絞るのが良いでしょう。発展的な内容については、参考資料として配布するなどすれば、意欲の高い学生が授業時間外にとりくむことができます。

　こうした絞り込みを行う際に参考になるのが、**専門家の盲点**と**最近接発達領域（Zone of Proximal Development: ZPD）**という考え方です。専門家の盲点とは、その分野の知識や技能に秀でている専門家であるがゆえに、「非熟達者にとって何がわからないのか」がわからない状態に陥ってしまうことです。例えば、熟練したシェフが新米シェフに「風味が出るように適宜スパイ

スを加えなさい」と指導をしても、ある料理においてどのようなスパイスが風味を出すのか、わからない新米シェフにとっては助けになりません。しかし、熟練したシェフにとっては、特定のスパイスと風味との関係は自明のことなので、ついこのような指導をしてしまうのです（アンブローズ他, 2014:p.102）。授業においても、専門家の教員にとっては自明のことでも非熟達者の学生にとってはまったく自明ではないということが、しばしばあります。この点を意識しないと、学生が目標に到達するうえで実は「不可欠なもの」を「関連するが不可欠とまではいえないもの」や「関連が薄いもの」と判断してしまいかねません。また、そもそも扱う内容として含めていない可能性もあります。シラバスを作成する際には、自分が専門家であるがゆえに見落としている点があるのではないかと疑ってみることが大切です。

　そこで、専門家である教員ではなく非熟達者の学生の視点に立って「何が自明で、何がわからないのか」を把握する必要があります。その際、最近接発達領域という考え方が参考になります。最近接発達領域とは、大まかにいえば「今は自力ではできないが、他者からの援助や協同があればできること」です（【Tips4】参照）。授業に即していえば、授業を受ける前の学生にとって「今は自力ではできないが、授業を受けることでできるようになること」です。一方、「既に自力でできること」や「授業を受けても（その学年にとっては難易度が高すぎて）できるようにはならないこと」は、学生にとって易しすぎたり難しすぎたりする内容ということになります。「今は自力ではできないが、授業を受けることでできるようになること」が何かを分析していくことで、学生が目標に到達するうえで「不可欠なもの」は何かを見極めることができます。

【Tips4】専門家の盲点と最近接発達領域

　専門家の盲点が生じるのは、熟達者の状態と非熟達者の状態との間に大きな差があるためです。図1は、人がものごとに熟達していく段階を示したモデルです。初学者は、第1段階の「無意識的無能（unconscious incompetence）」の状態にあります。これは、自分が何を知らないかを知らない状態です。そこから練習を積んでいくと、第2段階の「意識的無能（conscious incompetence）」、つまり自分が何を知らないのか（これから何を学ばなければならないのか）を認識できる状態になります。更に練習を積んでいくと、第3段階の「意識的有能（conscious competence）」、つまり意識して行動すれば、その領域において能力を発揮できる状態になります。しかし、この段階でもまだ熟達者とはいえません。熟達者は、第4段階の「無意識的有能（unconscious competence）」、つまり知識や技能を自動的、直観的に使いこなせる状態にあります。この段階に達すると、わざわざ意識して行動せずとも知識や技能を「自分のもの」として使いこなせるわけです。これが熟達者の熟達者たるゆえんなのですが、やや皮肉なことに、無意識のうちにできてしまうがゆえに、熟達者は「非熟達者のわからないこと」がわからないという状態に陥ってしまうのです。

図1　熟達のモデル（アンブローズ他, 2014:p.100を参照して作成）

最近接発達領域は、Vygotsky が、「自力で問題解決できる現時点での発達水準」（図２の最小の円）と「他者からの援助や協同により解決可能となるより高度な潜在的発達水準」（図２の真ん中の大きさの円）とのずれを示す範囲として打ち出した概念です（Vygotsky, 1978）。自力でできることを増やしていこうにも、いきなり自力でできるようにはならないので、まずは他者からの援助や協同があればできるようになることを目指すわけです。こうした援助や協同を「足場かけ（scaffolding）」と呼びます。自転車に乗る練習において、初期に後ろを手で支えてあげるのも足場かけの一例です。

　援助や協同があればできるようになってくると、次はそれを自力でできるようになりたいものです。その際、これまでの援助や協同を徐々に減らしていきます。これを「足場外し（Fading）」といいます。自転車に乗る練習の例でいえば、後ろで支えていた手を徐々に離して、自力で走れる距離を少しずつ伸ばしていくことにあたります。

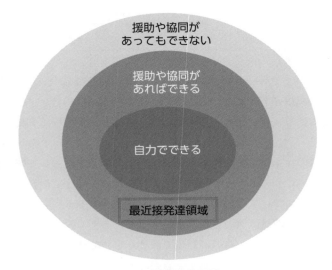

図２　最近接発達領域

　Vygotsky は幼児教育の文脈で最近接発達領域を提唱しましたが、高等教育でも同じように考えることができます。大学の授業においても、教員や学習仲間は「足場かけ」をすることができますし、求められてもいます。ただし、最終的には学生が自力でできるようになることを目指す以上、教員としては「足場外し」についても意識しておきたいところです。

　このように、学習内容の絞り込みにおいても、学生の視点に立つことが重要となります。そのためには、受講者層の特徴や既有知識、その科目の位置づけについて前もって一定程度把握しておく必要があります。

2.4.2.　学習内容の順序を考える

　授業内容を絞り込んだ後は、その順序を考える必要があります。いくら授業内容が目標に沿った素晴らしいものでも、それを学んでいく順序が適切でなければ、学生が目標に到達することが難し

くなります。学習内容をやみくもに並べるのではなく、明確な意図をもって配置する必要があります。

目標に到達しやすい順序で内容を配置する

　ここで重要なのは、学生が目標に到達しやすい順序で内容を配置することです。学生という非熟達者にとって理解しやすかったり身につきやすかったりする順序は、専門家である教員にとって理解しやすかったり身につきやすかったりする順序と必ずしも同じではありません（アンブローズ他, 2014:pp.60-64）。

　一般的に目標に到達しやすいとされる学習内容の順序の例を表7にまとめます。

表7　効果的な学習内容の順序の例

簡単 → 複雑　　既知 → 未知　　結論 → 理由　　個別 → 一般　　具体的 → 抽象的
過去 → 現在 → 未来　　全体 → 詳細 → 全体
出典：栗田編（2017:p.76）

　ただし、これらはあくまでも一例にすぎませんし、一回の授業の中で反復や組み合わせも当然あります。学生の目標到達度が芳しくなかった際に、次の機会には内容はそのままで順序を変更してみると改善することもあります。また、目の前の学生に合わせて臨機応変に対応することも重要です。

　例えば、ある政治学の授業では、学習した概念や過去の事例を活用して時事問題について分析できるようになって欲しいとの狙いから、「過去 → 現在」という順序で授業を設計していました。しかし、概念や過去の事例についての説明が続く間に、学習へのモチベーションが低下してしまう学生が少なからずいることに教員は気づきました。そこで、学生の関心が高い時事問題について先に検討する機会を設けることで、その時点の知識ではまだ十分に理解しきれない点があること、時事問題について分析できるようになるには概念や過去の事例を理解する必要があることを学生に納得してもらうように意識しました。そのうえで概念や過去の事例に関する説明に入り、最後に再び時事問題にかえってきて、学んだことを活用して分析してもらうこととしました。つまり、「現在 → 過去 → 現在」という順序にしたわけです。この順序に変えたことで多くの学生がモチベーションを維持しやすくなり、目標にも到達しやすくなりました。

複数の回をまとめて区切る

　学習内容の順序が決まったら、それをわかりやすくシラバスに記すようにしましょう。複数回をまとめて区切るユニットを導入すると、学生にとって視覚的にもわかりやすいでしょう。以下の例は、学生が学術的な論文を執筆できるようになるための練習を繰り返すという、比較的シンプルな授業です。そういった授業でさえも、ユニットを導入する前と後では、視覚的なわかりやすさに違いがあるのではないでしょうか。

表8　ユニットの導入例

ユニット導入前	ユニット導入後
第1回：共通授業（ガイダンス）	第1回：共通授業（ガイダンス）
第2回：共通授業（図書館資料の検索実習）	第2回：共通授業（図書館資料の検索実習）
第3回：政治学系論文の読み方	【第1部：良き読み手への道】
第4回：輪読1	第3回：政治学系論文の読み方
第5回：輪読2	第4回：輪読1
第6回：輪読3	第5回：輪読2
第7回：輪読から学んだこと	第6回：輪読3
第8回：政治学系論文の書き方	第7回：輪読から学んだこと
第9回：論文の中間報告	【第2部：良き書き手への道】
第10回：簡易ディベート1	第8回：政治学系論文の書き方
第11回：簡易ディベート2	第9回：論文の中間報告
第12回：簡易ディベート3	第10回：簡易ディベート1
第13回：論文の最終報告	第11回：簡易ディベート2
	第12回：簡易ディベート3
	第13回：論文の最終報告

　この授業では、学生が質の高い学術論文を執筆できる「良き書き手」になるには、まずは「良き読み手」、すなわち他者の論文の要旨を正確に把握し、先行研究と比較した際の意義を適切に指摘したうえで、論文の改善につながるような問題提起をできる読者になることが必要だという考えのもとで構成されています。そのため、前半では輪読を通じて「要旨・意義・問題提起」のトレーニングをします。後半では、学生自身の論文を仕上げていく際に重要な「読者からの予想される反論にあらかじめ応答する」ことができるようになるため、簡易ディベートを通じて練習します。ユニット制導入前は、学生が注意深く読んでくれないと、こうした狙いが伝わりにくかったのに対し、ユニット制導入後は「良き読み手への道」と「良き書き手への道」の二部構成であることが一目でわかるため、狙いが伝わりやすくなりました。

　この例は、二つのユニットから構成される比較的シンプルな例ですが、より回数が多かったり複雑な構成をとったりする授業もあります。そういった場合には、もう少し細切れのユニットにすると良いでしょう。

2.4.3.　その他の情報を示す

　シラバスには、その他にも「受講条件」、「授業の方法」、「教科書・参考書」、「授業のルール」、「授業外学習」などを記すことが一般的です[11]。これらについても、目標や評価方法に沿ったものを設定するように意識しましょう。ここでは、他に二つのことに留意します。

11　他には、「オフィスアワー」（教員が学生の質問や相談を受けられるように研究室等にいる時間）、「担当教員紹介」、「担当教員の連絡先」、「参照ホームページ」などを記すことが一般的です。

協力的な環境づくり

　まず、授業内容を考える際にも、学生のモチベーションの喚起・維持・向上に配慮しましょう。先述の価値・期待・環境のうち、ここでは、学生と教員との間や学生間に学習を支え合うような協力的な環境があるかについて説明します。学習環境が協力的であると、先述の価値や期待が相乗効果となり、学生のモチベーションを強化することが知られています（Astin, 1993; Bligh, 2000）。授業に価値を感じ、目標到達への期待を抱いている学生にとって、教員や他の学生と協力して目標へ向かっていける環境があれば、モチベーションがさらに向上するわけです。

　こうした協力的な環境は、教員からのこまめなフィードバックや、学生相互の協力を促すグループワークの機会を多く設けること等によってつくることができます。目標や評価方法との関係にも留意しながら検討しましょう。そして、そうした協力的な学習環境づくりを意識した取り組みを行うことを、シラバスの「授業の方法」や「授業のルール」の欄等に記しておけば、学生へのメッセージとなります。

反復の機会づくり

　次に、学生が授業で学んだことを反復する機会をつくりましょう。授業終了直後には十分に理解したつもりでも、日が経つごとに忘れてしまうことが多いものです。週に1回しかない授業では、その前の週に学んだことを次の授業の時点ではほとんど忘れてしまっているといったことも起きかねません。せっかく目標に沿った内容を適切な順序で並べていたとしても、前の回で学んだことが学生の頭に残っていないようでは効果的な学習となりません。

　そこで、「授業外学習」の欄において、授業外における復習が重要だというメッセージを学生に伝えましょう。次の回の授業冒頭で、前の回の復習をする時間を設けたり、小テスト（この場合は形成的評価に当たるでしょう）を行ったりするのも良いでしょう。

2.4.4　目標設定と評価設定に立ち返る

　授業内容を詳しく定めていくなかで、先に立てていた目標や評価方法が曖昧であったことに気づくことがあります。そういった場合には、目標や評価方法の設定に立ち返って再設定しましょう。「目的・目標 → 評価 → 内容」という三つのステップを「行きつ戻りつ」することはまったく不自然なことではありませんので、うまくいかないステップが出てくれば、そのステップだけで改善を図ろうとせずに、前のステップに戻って検討してみましょう。

やってみよう！

以下のポイントを参考にしてシラバスの「授業内容」を定めてみましょう。

☐ 学生が目標に到達するうえで不可欠な（受講前は自力ではできないが、授業を受けることでできるようになる）学習内容に絞り込んだ

☐ 学習内容を非熟達者が理解しやすかったり身につきやすかったりする順序に並べた

☐ 学習内容の順序を示す際に必要に応じてユニット制を導入した

☐ 協力的な学習環境づくりを意識したとりくみを示した

☐ 学生が学習内容を反復することを促すようなとりくみを示した

2.5.　授業実施をふまえて改善する

　以上でシラバスを一通り作成することができますが、シラバスも授業と同様により良いコースデザインとするために改善をしていきます。ここでは、シラバスに沿って授業を実際にやってみて気づいたことをどのようにして次に活かせるか、改善の方法を確認していきましょう。

　なお、ここでは、コース（学期）終了後にシラバスを書き直すことを想定しています。シラバスが「契約書」の役割ももつ以上、コースの途中で変更することは基本的に望ましくありません。今すぐ変更しないかぎり学生の学びに重大な悪影響が出ることが予想されるような場合には変更するのも手ですが、その場合にも、変更する箇所と理由を学生に明確に説明したうえで（「契約」の結びなおし）シラバスを差し替えるのが良いでしょう[12]。

　専門家の盲点や最近接発達領域を意識し学生のモチベーションに配慮しつつ学習内容を定めたつもりでも、学生の目標到達度が芳しくないという場合があります。反対に、結果的に学生にとって内容が易しすぎたことに気づく場合もあります。そうした事態に至った原因はどこにあるかを次の観点から検討しましょう。

学習内容を改善する

　学習内容の難易度に原因があると考えられる場合には、学生が「既に自力でできること」と「今は自力ではできないが、授業を受けることでできるようになること」、「授業を受けても（その学年にとっては難易度が高すぎて）できるようにはならないこと」の見極めを改めて行い、次の機会に向けて学習内容を変更する必要があります。テストやレポート課題の出来をみることで、より丁寧に説明を要するトピックや差し替えるトピックなどを判断します。

その他の情報を改善する

　学習内容の難易度に原因があると考えられる場合には、その他の情報を書き直すことで改善する可能性もあります（佐藤・栗田, 2021:pp.97-98）。例えば、「受講条件」の欄にあらかじめ履修しておいて欲しい科目を具体的に記すことで、その授業で求められる既有知識（「既に自力でできること」）を学生に明示することができます。そうすれば、次からは受講者の既有知識を一定程度揃えることができます。

　また、学生の学力にばらつきがある際には、「教科書・参考書」の欄を書き直すことが効果的な場合もあります。入門的な参考書と発展的な参考書の双方を記載することで、様々な学生のニーズに応えることができます。単に書名を記載するのみならず、使い方についても具体的に記せば、学生が手にとりやすくなるでしょう。

学習内容の順序を改善する

　学習内容の難易度自体は妥当であっても、学習内容の順序が学生にとって理解しにくかったり身

---

[12]　コースの途中でシラバスをどの程度変更してよいかは、大学によってルールが定められていることもありますので、自分の所属で確認することも必要です。

につきにくかったりすることが原因の場合もあるでしょう。こうした場合には、2.4.2.節で例を挙げたように、順序を変えてみるだけで学生のモチベーションの喚起・維持・向上に役立ち、目標到達に資することもあり得ます。

目標を改善する

なお、改善に際しては、ステップ3の内容設定についてのみ行うのではなく、適宜ステップ1の目標設定やステップ2の評価方法の設定にも立ち返りましょう。例えば、ステップ1において、目的実現に対し、設定されている目標を再検討することで、学習内容の難易度を調整するのに役立つことがあります。「ジャンプすれば届く」目標になっているか、難易度に関わる表現について再検討しましょう。また、目的を実現するうえで必要なのに欠けている目標や、不要な目標があると気づいた際には、目標自体を増やしてみたり減らしてみたりしましょう。

評価方法を改善する

また、ステップ2において、評価をする時期や評価方法のバランスを見直すことが必要な場合もあります（佐藤・栗田, 2021:pp.98-99）。例えば、特定の時期に課題の締切が偏っていると、学生が一つ一つの課題に十分な労力を割くことができず、目標到達度が芳しくない結果に終わることがあります。そうした際には、課題を出すタイミングを工夫することで、改善を図りましょう。また、評価方法のバランスに「中間レポート20%、期末試験80%」のような偏りがあると、学生は配点の低い課題に十分な労力を割かない可能性があります。そうした傾向がみられる際には、バランスを見直してみましょう。作成時と同様に、こうしてステップ間を「行きつ戻りつ」しながら改善を図るのが良いでしょう。

授業改善に終わりはありません。より良い授業の実施を目指して、より良いコースデザイン、より良いシラバスに向けた改善を続けましょう。

参考文献

スーザン・A・アンブローズ他著　栗田佳代子訳（2014）『大学における「学びの場」づくり：よりよいティーチングのための7つの原理』玉川大学出版部

稲垣忠・鈴木克明編著（2015）『授業設計マニュアル Ver.2』北大路書房

梶田叡一著（2010）『教育評価 第2版補訂2版』有斐閣

栗田佳代子・日本教育研究イノベーションセンター編（2017）『インタラクティブ・ティーチング ― アクティブ・ラーニングを促す授業づくり ―』河合出版

佐藤浩章編（2010）『大学教員のための授業方法とデザイン』玉川大学出版部

佐藤浩章編著（2017）『講義法』玉川大学出版部

佐藤浩章・栗田佳代子編著（2021）『授業改善』玉川大学出版部

中島英博編著（2016）『授業設計』玉川大学出版部

R.J. マルザーノ・J.S. ケンドール著　黒上晴夫・泰山裕訳（2013）『教育目標をデザインする ― 授

業設計のための新しい分類体系』北大路書房

Astin, A. W. (1993) *What Matters in College?: Four Critical Years Revisited*, Jossey-Bass.

Bligh, D.A. (2000) *What's the Use of Lectures?*, Jossey-Bass.

Bloom, B.S., Engelhart, M. D., Furst, E.J., Hill, W.H., Krathwohl, D.R. (1956). *Taxonomy of Educational Objectives. Vol.1: Cognitive Domein.* New York: McKay, 20,24.

Fink, L.D. (2003) *Creating Significant Learning Experience: An Integrated Approach to Designing College Courses.* John Wiley&Sons.

Wiggins, Grant P., and Jay McTighe, (2005) *Understanding by Design Expanded 2nd edition.* Ascd.

Vygotsky, L.S. (1978) *Mind in Society: The Development of The Higher Psychological Processes*, The Harvard University Press.

2

シラバスを作成する

第3章 グラフィック・シラバスを作成する

3.1. グラフィック・シラバスとは何か

グラフィック・シラバスとは、授業における重要な概念間の系統性や関係性を図示したフローチャートやダイアグラムのことをいいます（Nilson, 2007）。つまり、授業のなかで教える内容の相互のつながりを可視化したものです。図3に模式図を示しました。

グラフィック・シラバスは、教授者および学習者の双方にとってメリットがあります。まず、教授者にとっては、授業設計および授業改善に有用です。第2章の逆向き設計（p.10）にしたがい、授業の目的・目標が決まり、評価方法を決定した後に、具体的にどのような授業内容・順序にしていくか、を考える際の手段とすることができます。授業で扱う概念を授業回に従って配置する前に、概念間の構造を改めて可視化することで目的・目標に最適な概念の精選が自ずと行われ、「学習しやすい順序」に対する配慮が促されます。

一つの授業科目のなかに含まれている学習内容は、本来、互いに関連をもち、設定された学習目標を達成するためにある種の体系性をもって構成されます。この体系性は、教授者の頭の中には暗黙的にあるはずですが、テキストシラバスだけではそれが学習者には明確にはなりません。通常のシラバス（ここでは以降、グラフィック・シラバスと区別する際にはテキストシラバスと呼びます）においては、学習内容は授業回にしたがって順番に並べられてしまうため、網の目のような体系性はそこに表現できません。つまり、教授者にとっては自明であっても、学習内容の体系性は、それをはじめて学ぶ学習者には伝わりにくいのです。また、もしかすると、教授者にとってもそこまでの体系性を意識しないまま並べられていることもあるかもしれません。

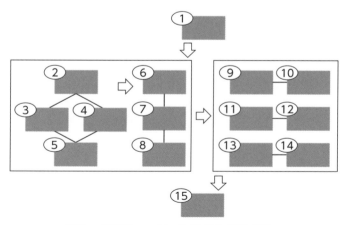

図3　グラフィック・シラバスの模式図

「グラフィック・シラバスによって構造化された授業」となるだけでも、学生にとっては学びの場の質が高まることを意味しますが、グラフィック・シラバスが学生に提示されることで更なる効果が期待されます。それは教授者が、授業において扱う学習内容の知識構造が視覚的に示されることで、学生もまたその知識構造を自分の頭に再構成することが容易になるためです。第2章において専門家の盲点（p.20）として触れたように教授者と学習者（初学者）との間にはギャップがあり、教授者が考えているほどに新しい知識を獲得し体系化することは学習者にとっては簡単なことではありません。知識を獲得し、相互に結びつけていくプロセスは自動的には起こりません。その部分の手助けをグラフィック・シラバスが担うことができます。つまり、グラフィック・シラバスは今学んでいることが授業全体で学ぶことのどこに位置づいているのかを示し、学習者自身が知識を体系化していく手助けをするのです。

　次の節では、グラフィック・シラバスの作成方法を具体的に紹介します。お手元に授業のシラバスを用意し、その授業科目のグラフィック・シラバスを作成してみましょう。

3.2.　グラフィック・シラバスを作成する

　グラフィック・シラバスの作成には、特に決まりがあるわけではありません。しかしながら、その作成目的が、授業内容の体系化・構造化であることを考えると、次のような順序に従うとスムーズに作成ができるでしょう。

　ここでは、既にテキストシラバスがある場合を想定して説明をしていますが、もし、はじめて担当する授業の場合には、第2章の逆向き設計に従い、目的・目標の設定から始めてください。

⑴　グラフィック・シラバスを作成するためのツールを準備する

　グラフィック・シラバスは基本的にはフローチャートです。紙に描くのであれば、フローチャートの各項目の加除や移動がしやすいように、台紙となる大きめの紙とそこに貼る付箋を用意します。一方、コンピュータ上で電子的に描くのであれば、適切なソフトウェアを用意します。例えばマイクロソフト社の PowerPoint や Apple 社の Keynote が手に入りやすいでしょう。また、他者と同時に共有をする場合には、Google Drive 上で作成できる Slides や Jamboard などが挙げられます。

　紙かデジタルかについては、作成段階ではいずれの方法でもかまいません。手を動かしたほうが、思考がはかどるならば、紙と付箋のほうが適しているでしょう。ただし、最終的な完成版はデジタル化したほうが保存も提示も容易です。

⑵　目的・目標を改めて確認する

　これからグラフィック・シラバスをつくろうとする授業のテキストシラバスで設定されている目的・目標を改めて確認しましょう。設定されている目的・目標の吟味は、第2章の「目的・目標を定める」（p.11）を参考にしてください。目的・目標は、グラフィック・シラバスを作成するにあたっても、授業において取り扱う概念や学習活動などを選択し構成するための根本となるものですので、常に参照できるようにしておきましょう。

やってみよう！

・グラフィック・シラバスを作成する授業科目の目的・目標を見直しましょう。

・見直した目的・目標を、参照できるように書き出しておきましょう。

⑶ キーワードや各授業のトピックを書き出す

　目的・目標に照らしながら、授業で扱うべき概念や、キーワードなどを付箋1枚に一つずつ書き出していきます。取り掛かりやすいものから書き出していけばよいでしょう。そして、それらを授業回ごとのボリュームにまとめて、それらをみて各授業回のテーマを新たに付箋に書いてみましょう。各授業回のテーマが既にあればそれらを書き出すところから始めてかまいません。ただし、目的・目標をみながら本当にこの内容で良いかどうか参照しながら書き出していきます。基本的には目標に応じた内容になっているかの確認ですが、場合によっては目標を設定し直す場合も出てくるかもしれません。

やってみよう！

・授業で扱うキーワードや概念を書き出し、授業回ごとにまとめましょう。

・各授業回のタイトルを決めて書き出しましょう。

・テキストシラバスの各授業回のタイトルを書き出しても良いですが、その場合には目的・目標を確認しながら差し替えや追加・削除をしましょう。

⑷ 全体の構成を考える

　概念やキーワード、授業回のテーマをみながら、全体としての構成を考えていきます。授業の構成は学問領域によって異なりますが、第2章「学習内容の順序を考える」（p.21）の表7のように大まかな順序を考えます。

表9　効果的な学習内容の順序の例（p.22 表7の再掲）

簡単 → 複雑　　既知 → 未知　　結論 → 理由　　個別 → 一般　　具体的 → 抽象的	
過去 → 現在 → 未来　　全体 → 詳細 → 全体	
	出典：栗田編（2017:p.76）

　あるいは、Nilson（2007）によれば、授業の構成として次のような例が挙げられていますのでこれらも全体の構成の参考になるでしょう。

・競合／補完（Competition/Complementarity）：いくつかの理論を複数の観点から対比する

・平行（Parallelism）：ある学習内容について、特定の視点を常にもちながら進行する

・プロセス（Process）：ある結果に向かって、順序立てて進行するような内容

・連続・時系列（Sequence/Chronology）：歴史を、年代を追って扱うなど、典型的には時系列に従って進行する

・階層のあるカテゴリー（Categorical Hierarchy）：トピックがいくつかのカテゴリーに分けられ、そのカテゴリーに階層性がみられるような構成をもつ

やってみよう！

・各授業回のタイトルをみながら、大まかな順序を決めましょう。

⑸　配置する

　大まかな構成を決めた後、実際にトピックを配置していきます。このとき、各トピックの関係性を可視化することを意識して配置します。

　また、一つ一つのトピックが授業回を構成することが一般的ですが、これらのトピックについてグループ化を行い、いくつかの授業回をまとめて囲うなどして、構造をつくっていきます。また、最終的には進行を考えるので、第1回から最終回までの順序も考慮しながら配置を考えましょう。

　配置の仕方には様々なパターンがあります。Nilson（2007, p.52）および Microsoft 社の PowerPoint にある SmartArt には配置やデザインのヒントが示されているのでそれらを利用してもよいでしょう（図4 参照）。いずれにしても、授業内容の表現に最も適した配置を考えましょう。

　また、グラフィック・シラバスは一般的には図形と矢印などで構成されるシンプルなチャートですが、シンボルやメタファーを使って表現することも、全体構成の理解には効果的です。例えば、図5は「生物学」のグラフィック・シラバスで、作成者によれば、2本の木はミクロとマクロなレベルの生物学、実は授業で学習する単元であり、実を美味しく熟成させるために水（小テスト）や肥料（練習課題）を供給するということを表しています。

やってみよう！

・授業内容をうまく表現できるようなレイアウトを考えて配置しましょう。場合によってはメタファーを使ってみましょう。

⑹　授業回を表す数字をふる

　配置された各トピックに授業回の番号をつけていきます。全15回の授業ならば1から15の番号をふることになります。

　例えば、図6は「健康の社会的決定要因」のグラフィック・シラバスです。大きく「科目紹介と基礎知識」、「健康の社会的決定要因（理論）」「環境の社会的決定要因（応用）」という構成があり、後半の授業回は三つのテーマについてそれぞれインプット → アウトプットの流れで進んでいくという構成です。

やってみよう！

・授業回の番号をふっていきましょう。

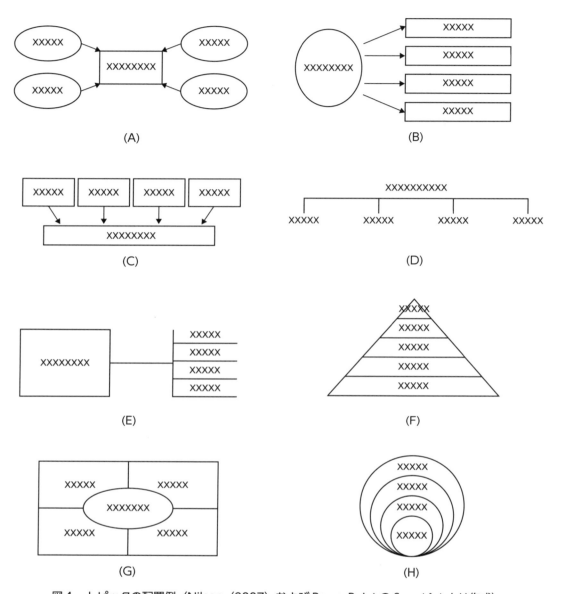

図4　トピックの配置例（Nilson（2007）および PowerPoint の SmartArt より作成）

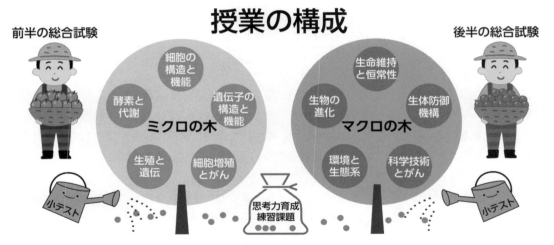

図5　メタファーを使ったグラフィック・シラバスの例（生物学）

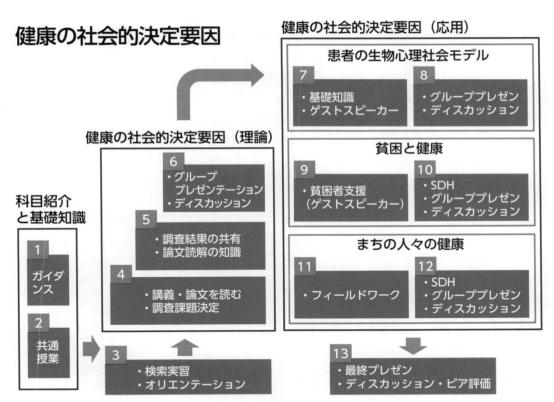

図6　授業回の番号をふる例

3.3. グラフィック・シラバスを活用する

ここでは、グラフィック・シラバスの活用方法についてみていきます。

まず、思いつくのは既に 3.1. 節（p.28）で述べたように「学生に提示する」ことです。毎回の授業冒頭に、今日学ぶことがその授業のなかでどのように位置づいているのか、前回学んだこととどのように関連しているのかなど、学習事項の位置づけを学生に明確に提示することで、学習の指針を与え、知識の体系化を促します。授業の終わりにも、「今日の学習事項はこのように位置づけられます」と提示してもよいでしょう。

また、テキストシラバスに含めても良いでしょう。多くの大学のシラバスのシステムでは画像を貼り付けることはできないかもしれませんが、授業初回にグラフィック・シラバスを含んだテキストシラバスを配布すれば、その授業全体の構成を学生はいつでも確認することができます。

別の提示方法として、授業回を追うごとにトピックが追加され、最終回でグラフィック・シラバスが完成する、という見せ方も考えられます。少しずつ解き明かされていく、という効果を出したいときには適しているといえるでしょう。

上記は、教員がグラフィック・シラバスを作成することが前提となっていますが、「学生にグラフィック・シラバスを作成させる」、ということも考えられます。つまり、学生自身が学習内容の体系化を行うのです。教員の適切なフィードバックを行うことで、学生に自主性をもたせた知識の体系化が効果的に実現できるでしょう。

また、授業後に実施した実際の進行とグラフィック・シラバスを照らし合わせ、グラフィック・シラバスの改訂をすることで、授業改善の見取り図として用いることも可能です。

3.4 グラフィック・シラバスの例

ここでは、学問領域も学習内容の提示パターンも様々な、グラフィック・シラバスの例を所収しています。それぞれ簡単な解説をつけていますが、実際にテキストシラバスに掲載する場合には、グラフィック・シラバスをみただけでは読み取りにくいところもあるので、これらの例のように解説文もあるとよいでしょう。

ぜひ、グラフィック・シラバスを作成する際の参考としてください。

アントレプレナーシップ論：グラフィックシラバス

スタートアップ・エコシステム（起業家エコシステム）	分析レイヤー別の学習順番

中小企業	スタートアップ 時価総額10億\$以下	ユニーコーン 時価総額10億\$以上	デカコーン 時価総額100億\$以上	規模による企業分類、具体例 （第1回、第2回、第3回、第4回）

事業創造プロセス

事業創造プロセス（第5回）

既存事業	デジタルイノベーション（プラットフォーマー、Web2.0, Web3.0） ディープテック（技術開発型ベンチャー、大学発ベンチャー）	テクノロジーによる企業分類 （第6回、第7回、第8回、第9回）

銀行借入 補助金	ベンチャーファイナンス （ベンチャーキャピタル、クラウドファンディング）	企業の資金調達、成長支援 （第10回、第11回）

都市ベースでのスタートアップ成長支援（エコシステム） 東京、シリコンバレー、ニューヨーク、ロンドン他	都市空間（成長支援） スタートアップエコシステム （第12回、第13回、第14回）

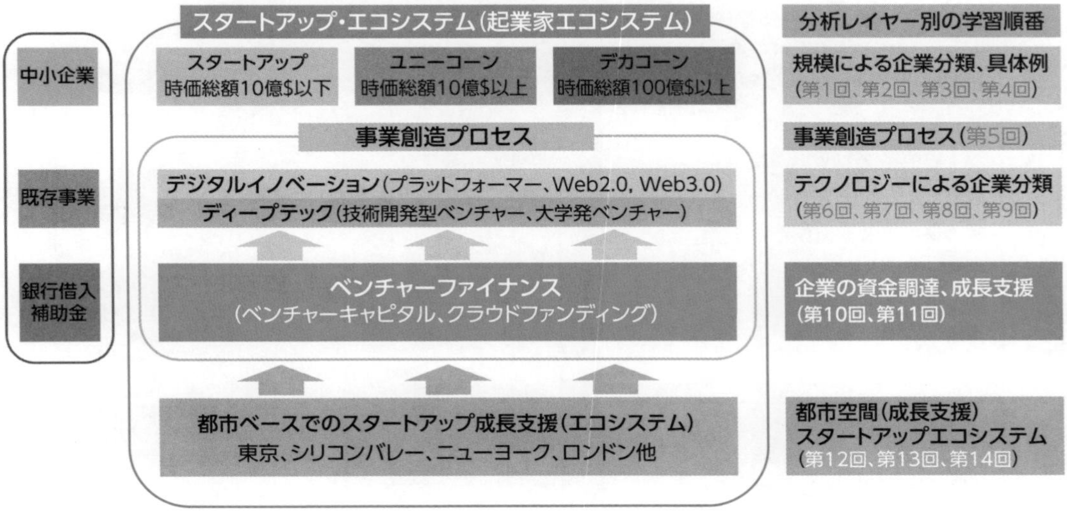

（解説文）

　アントレプレナーシップでは、自らが積極的な意思によって、事業創造を行うプロセスである。一方で、事業創造は、個人で行えるものではなく、多くの支援者、都市レベルの行政サポート、国レベルのサポートの上で行える。そのため、事業では、エコシステムという仕組み全体を学ぶことを通して、個人が事業創造を行うプロセスおよび社会的な支援の仕組みを「分析レイヤーの学習順番」に従って学んでいく。

図7　グラフィック・シラバスと解説（アントレプレナーシップ論）

グラフィック・シラバスを作成する

【気候変動影響と地域社会】グラフィック・シラバス

目的：地域における気候変動影響と適応策に関する課題を理解し、
持続可能な地域の実現に向けた方策を論理的に考えることができる

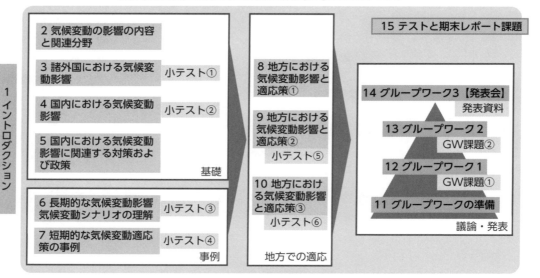

（解説文）

　グラフィック・シラバスとして、各回の講義の位置づけを図示化した。

　灰色は講義形式の授業、ピンク色はグループワークを示す。第2回～10回の講義（小テスト6回提出）を受けたうえで、グループワークを3回行う（二つの課題提出）。グループワークの最後の発表会では、これまでの議論の成果を発表する。講義とグループワークでの学びをまとめ、最終回のテスト・レポート課題として提出する。

図8　グラフィック・シラバスと解説（気候変動影響と地域社会）

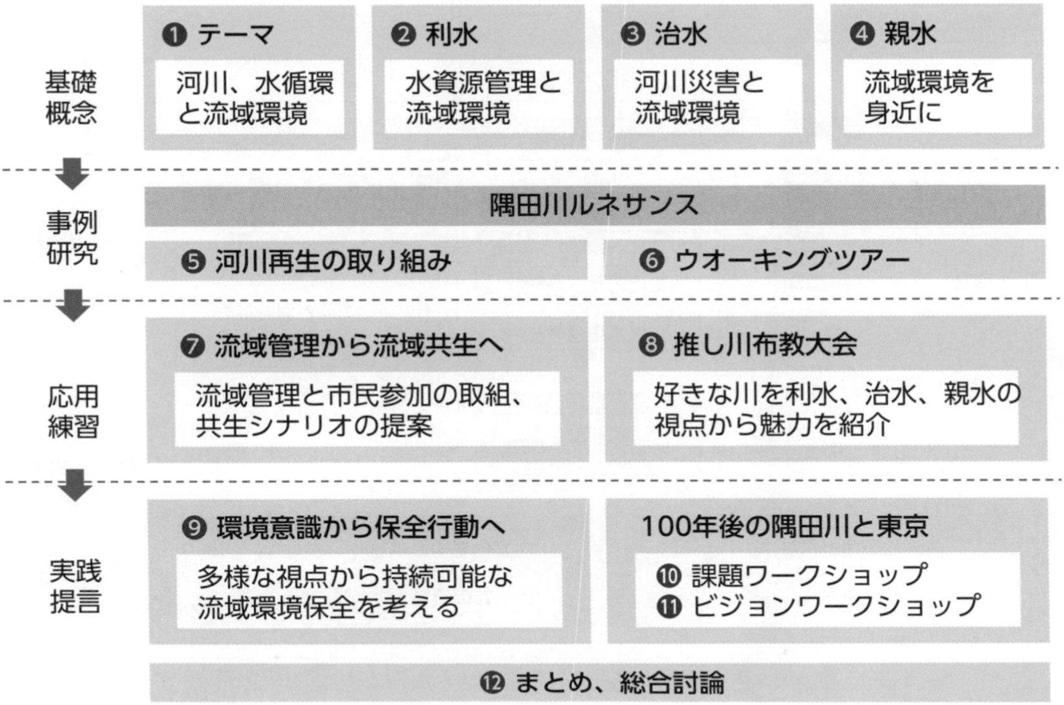

基礎概念	❶ テーマ 河川、水循環と流域環境	❷ 利水 水資源管理と流域環境	❸ 治水 河川災害と流域環境	❹ 親水 流域環境を身近に

事例研究	隅田川ルネサンス	
	❺ 河川再生の取り組み	❻ ウオーキングツアー

応用練習	❼ 流域管理から流域共生へ 流域管理と市民参加の取組、共生シナリオの提案	❽ 推し川布教大会 好きな川を利水、治水、親水の視点から魅力を紹介

実践提言	❾ 環境意識から保全行動へ 多様な視点から持続可能な流域環境保全を考える	100年後の隅田川と東京 ❿ 課題ワークショップ ⓫ ビジョンワークショップ

⓬ まとめ、総合討論

（解説文）
　本授業は基礎概念、事例研究、応用練習と実践提言の四段階構成となっている。各回の数字表示は授業の回数順を表す。第一段階の基礎概念（第❶～❹回）では、テーマ設定から、水資源政策の三大側面（利水、治水、親水）にわたり、流域環境管理の全体像を提示する。第二段階からの各段階では、左側のとりくみや事例に関する学習と、右側の体験や論議を中心とした活動で構成される。第二段階の事例研究（第❺～❻回）では、東京都内の主要河川である隅田川を中心に、とりくみの説明と現地調査を含める。第三段階の応用練習（第❼～❽回）では、第一段階で学んだ基礎概念を活用し、流域共生の可能性を考え、更に自分の「推し川」を事例に発表する。第四段階の実践提言（第❿～⓫回）では、また日常生活に戻り、日々実行可能な環境保全活動を考え、ワークショップ方式で学習内容を統合的に振り返り、流域共生の未来ビジョンを設計する。最終回（第⓬回）では、全体的なまとめと総合討論する時間を設ける。

図9　グラフィック・シラバスと解説（流域環境と人間社会）

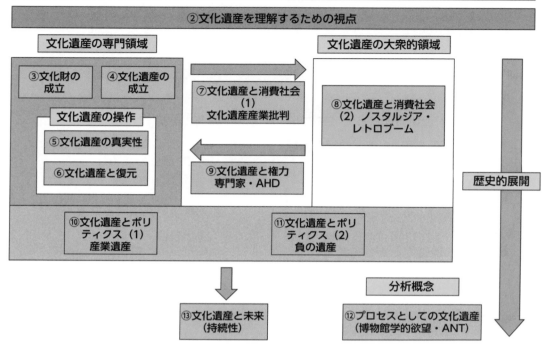

①イントロダクション

②文化遺産を理解するための視点

文化遺産の専門領域

③文化財の成立　④文化遺産の成立

文化遺産の操作

⑤文化遺産の真実性

⑥文化遺産と復元

⑦文化遺産と消費社会（1）文化遺産産業批判

⑨文化遺産と権力専門家・AHD

文化遺産の大衆的領域

⑧文化遺産と消費社会（2）ノスタルジア・レトロブーム

歴史的展開

⑩文化遺産とポリティクス（1）産業遺産

⑪文化遺産とポリティクス（2）負の遺産

分析概念

⑬文化遺産と未来（持続性）

⑫プロセスとしての文化遺産（博物館学的欲望・ANT）

（解説文）

　本グラフィック・シラバスは、コース全体の見取り図として、各クラスの相互関係を図示したものである。本コースではガイダンスと概説的な導入（①, ②）の後、19世紀以降に専門家の間での議論・実践を通して「文化遺産」という概念が確立されてきた専門領域（③〜⑥）と、20世紀後半以降のより大衆的な文化遺産の受容のあり方と専門領域との間で生じた緊張関係（⑦〜⑨）という基本的な構図を示したうえで、近年の特徴的なテーマに言及する（⑩, ⑪）。そして、それらの論争や実践を通して形成された分析概念に触れ（⑫）、最新の動向の紹介として文化遺産の持続性や未来という理論的視点に触れ、文化遺産の今後について考える（⑬）展開を予定している。振り返り、流域共生の未来ビジョンを設計する。最終回では、全体的なまとめと総合討論する時間を設ける。

図10　グラフィック・シラバスと解説（文化遺産と現代社会）

参考文献

Nilson, B. Linda（2007）*The Graphic Syllabus and Outcomes Map: Communicating your courise,* San Francisco, Jossey-Bass.

第4章 シラバスの事例をみる

4.1. シラバス事例の構成とみかた

　本章は、以下のような構成で示されています。

　シラバスの授業がどの教育機関・分野・専門性を可視化する分類表に始まり、シラバスを実際に作成した先生のご略歴、「インタラクティブ・ティーチング」アカデミーに参加された際の問題意識やシラバスに対する問題意識が書かれています。続いてシラバスが示されています。初稿と改稿が示されているシラバスもあります。そして、グラフィック・シラバスが示され、最後にシラバスをつくった感想があります。

　下記に示した分類表の情報から自分の学問領域に近いシラバスを探すこともできますが、自分の学問領域とは異なるシラバスであっても、そこにある工夫は参考になることも多いでしょう。多様なシラバスに触れてみることをお勧めします。

事例	学校種	科目種別	科目名	備考
1	大学	一般教養	日本社会文化演習	短期留学生向け
2	短大	専門科目	精神看護Ⅱ	
3	大学	キャリア形成科目	医療倫理	
4	大学	専門科目（基礎）	国際社会の抱える諸問題	
5	高専	-	化学特論	オンライン授業対応
6	高校	-	国語総合	

4.2. 事例1　学生のために書く「日本社会文化演習」

学校種	科目種別
大学	一般教養

4.2.1. シラバス作成者の略歴・背景

　吉嶺加奈子先生は、タイ人を対象とした日本語教育を研究しています。もともと修士課程修了後、メーカーに勤めていらっしゃいました。趣味のムエタイがきっかけでタイに行き、現地の大学で日本事情（日本文化）、日本語方言、日タイ通訳、メディア日本語などを教えていました。この経験から、タイ人が日本語を学ぶには何が大事なのかと考えるようになり、日本に帰って研究を始めました。タイと日本で合わせて5年ほど日本語を教えた経験を活かし、現在は防衛大学校で准教授としてタイをはじめとしたアジアの留学生に日本語を教えています。日本語教育では日本語を教えるだけでなく、日本の文化を伝えることも重要と考え、そこで吉嶺先生は「日本の文化と、日本に興味をもってくれているタイの人達との架け橋になりたい」と、この「日本社会文化演習」の授業を考えました。

　以下は吉嶺先生ご自身による記述です。

4.2.2. シラバスに対する問題意識とワークショップ参加時の動機

　シラバスをつくる時に課題がありました。それは、シラバスの重要性がはっきりとはわからなかったことでした。大学では教員側の視点からシラバスを書いている人が多かったので、それに従っていました。さらに、学生がその授業を受けるかどうかという目安になるはずの「担当講師からのコメント」を空欄にするくらい、シラバスの役割を理解しきれていませんでした。そのような自分を打破したいということとシラバス作成能力の向上を意識しました。

4.2.3. つくられたコースの概要と授業のターゲット

　「日本社会文化演習」は、日本に興味をもって日本語を勉強している短期留学生がターゲットです。受講者が日本の文化を知るときに自分達のもつ文化と比較しながら学ぶ授業を作りました。日本の食文化、価値観、企業文化など、幅広い日本文化を学びます。

4.2.4. テキストシラバス初稿

　テキストシラバスの初稿を見てみると、『授業の概要』から始まり『教科書』、『参考書』、『授業計画・内容』、『成績評価の方法』、『事前・事後学習の内容』、『履修上の注意』、『担当者からのメッセージ』、『キーワード』の順に項目があります。

　『授業の概要』は、詳しく書くようにしました。この時に、学生よりもともにカリキュラムを運営する主任教員や事務員が読むことを意識して書きました。『参考書』を書く際には、図書館の蔵書には印を打ち、本を探しやすくなるよう工夫しました。『授業計画・内容』は、1回から15回までテーマを書くというシンプルなものとしました。『キーワード』の欄も設定しました。『担当者

からのメッセージ』は、空欄にしていました。

授業科目名／Class Subject　日本社会文化演習	
担当者名／Instructor　吉嶺 加奈子 / Kanako YOSHIMINE / 北方キャンパス 非常勤講師	
単位／Credits　（2）単位　　　　　学期／2 学期	
授業形態／Class Format　演習	

授業の概要 / Course Description

短期外国人留学生特別科目「日本社会文化演習」では、日本語で日本の現代事情や商習慣、日本の価値観に触れる。そして自分の持つ文化と比較し、また異なる文化を持つ他の学習者との意見交換を通じて、日本社会・日本文化とは何であるかを捉えると同時に、多文化共生の視点をも涵養することを目指す。

日本社会文化演習では、ブレンディッド・ラーニングとして ICT を用いた反転授業形式を取り、①自宅学習としての動画視聴、②理解度を確認するためのミニテスト、③自宅学習を踏まえたディスカッション活動、④活動の振り返りと意見の整理を行う。

授業計画として、10 回は上記の通り進め、3 回は本授業で得られた異文化理解能力を活かして、ある事象に対する日本文化と自国の文化の相違点を挙げて説明する個人プレゼンテーションを実施する。

教科書 / Textbooks

教科書は使用せず、「e ラーニングで学ぶ日本事情」（電子教材）を利用する

参考書（図書館蔵書には○ / References（Available in the library: ○）

○石井敏・久米昭元・長谷川典子・桜木俊行・石黒武人（2013）『はじめて学ぶ異文化コミュニケーション―多文化共生と平和構築に向けて』有斐閣
　佐々木瑞枝（2017）『クローズアップ日本事情 15』ジャパンタイムズ
○原沢伊都夫（2013）『異文化理解入門』研究社

その他、ワークシートを適宜配布する。

授業計画・内容 / Class schedules and Contents

　1 回　オリエンテーション（アンケート、Google Classroom チュートリアル）
　2 回　日本語－方言の概念
　3 回　国際社会－日本の国名
　4 回　国際社会－日本が行なっている国際協力
　5 回　日本食－食の安全性
　6 回　日本人の価値観－本音と建前
　7 回　日本人の価値観－和をもって貴しとなす
　8 回　日本人の価値観－ビジネスシーンでのタブー
　9 回　日本の企業文化－愛社精神
10 回　時事問題－介護の最前線
11 回　リクエストトピック
12 回　プレゼンテーションの準備：日本文化と自分の文化の似ているところ・似ていないところ
13 回　プレゼンテーション①
14 回　プレゼンテーション②
15 回　総括：全体を振り返る

成績評価の方法 / Assessment Method

・授業に対する貢献　　　　…50%
・自宅学習の取り組み状況　…30%
・プレゼンテーション　　　…10%
・授業態度　　　　　　　　…10%

事前・事後学習の内容 / Preparation and Review

事前に自宅学習をして、ディスカッション活動で必要な単語を確認した上で授業に参加する。
授業終了後、自分の意見や他の学習者の意見から当該トピックに対する考えをまとめ、振り返る。

履修上の注意 / Remarks
自宅学習では学習支援ツールとして Google Classroom 使用する。第 1 回の授業の前までに、Google のアカウントを作成しておく。また、授業中は QR コードを多用するため、QR コードリーダを事前にダウンロードしたスマートフォンまたはタブレット等の端末を持参する。 また、初回の授業で「学びたいトピック」についてアンケートを取り、一番多かったトピックを第 11 回で取り上げる。
担当者からのメッセージ / Message from the Instructor
キーワード / Keywords
日本事情、ブレンディッド・ラーニング、反転授業、ICT 利活用、多文化共生

図 11 「日本社会文化演習」のテキストシラバス初稿

4.2.5.　改善記録とテキストシラバス改稿

　この初稿のテキストシラバスへの改善すべき点は、以下であると判断しました。

・全体的に文章が常体（だ・である調）であり、専門用語が多いという点
・目的、目標、授業の進め方、事前・事後学習の内容等が羅列されてあり、伝えるべきことが伝えられていない、もしくは読みづらいという点
・教科書、参考書、成績評価の方法では、必要事項を書いただけだったという点
・担当者からのメッセージは、遠慮から空欄にしていたという点

　そこで、以下のように改善をしました。

授業科目名／Class Subject　日本社会文化演習
担当者名／Instructor　吉嶺 加奈子 / Kanako YOSHIMINE / 北方キャンパス 非常勤講師
単位／Credits　（2）単位　　　　　　学期／2 学期
授業形態／Class Format　演習

授業の概要 / Course Description
この科目は短期外国人留学生のための特別科目「日本社会文化演習」です。 ［授業のゴール］ 1．日本語で現代日本事情や日本のビジネスカルチャー、そして日本人の価値観について学べるようになります。 2．自分が持っている文化と日本文化を比較して、似ているところ・違うところに気づけます。 3．別の文化を持っているクラスメイトと、「日本」や「文化」について日本語でディスカッションできるようになります。 ［何のための授業？］ 1．「文化」とは何なのか、分かるようになるためです。 2．多文化共生（色々な文化を持つ人達が一緒に過ごせること）の視点を身につけるためです。

[授業の進め方]
この科目ではICTを使いますので、毎回インターネットに接続できる端末を持ってきてください。
毎回の授業は、このように進めます。
①宿題として、授業前までに動画を見ておきます。（メディアプレイヤー）
②授業の最初に、見てきた動画をどのくらい理解しているかミニテストをします。（QRコードリーダ）
③見てきた動画の内容についてディスカッションを行います。（オンライン辞書）
④ディスカッションを振り返って、その内容について自分の考えをまとめます。（カメラ機能）

[授業計画案]
15回の授業のうち、第10回までは上記の通り進めます。
第12回は、科目全体を全員で振り返ってまとめます。
第13回と第14回は自分達でトピックを選んで、それについて日本文化と自国の文化の似ているところ・ちがうところを説明するプレゼンテーションをします。
第15回は、期末試験です。

※学生さん達からの要望があれば、内容を変更する可能性があります。

教科書 / Textbooks

教科書は使いません。
担当者（吉嶺）が製作した「eラーニングで学ぶ日本事情」（電子教材）をGoogle Classroomにリンクさせたものを使います。
また、毎回ワークシートを配ります。

参考書（図書館蔵書には○ / References（Available in the library: ○）

この科目の参考図書は、3冊です。

○石井敏・久米昭元・長谷川典子・桜木俊行・石黒武人（2013）『はじめて学ぶ異文化コミュニケーション―多文化共生と平和構築に向けて』有斐閣
　佐々木瑞枝（2017）『クローズアップ日本事情15』ジャパンタイムズ
○原沢伊都夫（2013）『異文化理解入門』研究社

上に書いた本は、この科目をより深く理解したいと思った時に読んでみてください。

授業計画・内容 / Class schedules and Contents

 1回　オリエンテーション（アンケート、Google Classroomチュートリアル）
 2回　日本の多様性－方言の概念
 3回　日本の多様性－食の安全
 4回　日本人の価値観－本音と建前のちがい
 5回　日本人の価値観－協調性重視
 6回　国際社会の中の「日本」－日本の国名
 7回　国際社会の中の「日本」－日本が行なっている国際協力
 8回　日本の企業文化－ビジネスシーンでのタブー
 9回　日本の企業文化－愛社精神
10回　日本の時事問題－老人介護
11回　日本の時事問題－女性活躍推進法
12回　総括：全体を振り返る
13回　プレゼンテーションの準備：日本文化と自分の文化の似ているところ・似ていないところ
14回　プレゼンテーション：日本文化と自分の文化の似ているところ・似ていないところ
15回　期末試験

成績評価の方法 / Assessment Method

・授業に対する貢献　　　　…50%
・自宅学習の取り組み状況　…30%
・プレゼンテーション　　　…10%
・授業態度　　　　　　　　…10%

授業に対する貢献：発言回数、ディスカッション中の役割などを見ます。
自宅学習の取り組み状況：提出した宿題の内容、提出時間などを見ます。
プレゼンテーション：構成、内容、トピック、プレゼンテーションのテクニックなどを見ます。
授業態度：出席、授業中の様子、クラスメイトへの接し方などを見ます。

事前・事後学習の内容 / Preparation and Review
１．授業では動画を見ません。ミニテストの後にすぐディスカッションをしますので、動画を見て分からない言葉を調べておいてください。 ２．授業が終わったら、すぐに自分の最初の意見やクラスメイトの意見からまとめた自分の考えを提出してください。

履修上の注意 / Remarks
１．この科目ではインターネットにアクセスできる端末(スマートフォン、タブレット)が必要です。スマートフォンにはメディアプレイヤーとＱＲコードリーダを入れておいてください。 ２．開講中はずっと Google Classroom という Google が提供しているツールを使います。第１回の授業の前までに、Google のアカウントを作成してください。 ３．初回の授業で「学びたいトピック」等についてアンケートを取ります。

担当者からのメッセージ / Message from the Instructor
日本社会文化演習を担当する吉嶺加奈子です。 「日本文化って何だろう」「他の文化ではどうなのかな」と考えたことはありますか。 また、「文化を学ぶ」とはどういうことなのでしょうか。 この科目は他の日本語の科目と違って、１つの決まった正解の形はありません。 自分の文化と他の人の文化を比べて、考えて、自分の日本語で説明したことが「納得解」になる科目です。

キーワード / Keywords
日本事情、多文化共生、異文化理解、ＩＣＴ

図 12　「日本社会文化演習」のテキストシラバス改稿

　改稿では、「この科目は短期外国人留学生のための特別科目『日本社会文化演習』です。」とシンプルな文章から始めました。

　さらに、初稿は教員や事務の方々に見せるということが目的であると考えていたため、専門用語を使って、常体で書いていました。しかしながら、これらは実際に授業を受ける短期留学生からすると難しい言葉ではあります。改善後は学生が読むことを意識して、敬体（です・ます調）で書きました。また彼らの日本語能力を配慮し、日本語学習者が受験する日本語能力検定の中で日常的な日本語の理解に加えてより幅広い場面で使われる日本語が理解できる指標でもある「日本語能力試験 N2」相当の文法と語彙に修正しました。また、「目標 → ゴール」など、簡単な言葉への言い換えを行いました。

　『目的』、『目標』、『授業の進め方』では、改稿では見出しをつけて分けて書きました。また「目的」と「目標」は日本語学習者にとって違いのわかりにくい言葉なので、「何のための授業？」「授業のゴール」と表現を変えました。『教科書』、『参考書』、『成績評価の方法』では、どのような意図でそれを使うか／紹介したか／何を評価するのかを書いてわかりやすく工夫しました。『事前・事後学習の内容』、『履修上の注意』では、文章一つ一つを短くし、通し番号も振りました。『担当者からのメッセージ』では講師の人となりを知ってもらうための自己紹介と、この科目を受講する時に意識して欲しいことを「考えたことはありますか」、「〜とはどういうことなのでしょうか」と受講生に問いかけるように工夫しながら書きました。

図13 「日本社会文化演習」のグラフィック・シラバス

「日本社会文化演習」では、日本語を学ぶにあたって日本文化の視点をもたない状態（START）から日本文化に対する感覚を日本語で説明できる状態（GOAL）までを目指します。そのための三つの学習目標とそれを到達するためのトピック・活動について矢印でつないでいます。START時点で学習者像の胸の中にある自文化が「タイ」なのは、タイの大学でタイ人大学生向けの日本文化科目を担当していたときに、彼らの根底にはタイ文化があり、それは揺るぎないものだと感じたからです。デザインは日本の大学では外国人学生・留学生が受講するので、ポップで"Cool Japan"に感じられるよう意識しました。

> ■導入部
> 　「START」と見やすいデザインとし、オリエンテーション、チュートリアルをそこに加えました。さらに、イラストの人間にとって元々のアイデンティティである国旗を加えました。
> ■本編
> 　(1) 人文科学的な「文化」から自文化との違いを感じる、(2) 社会科学的な「文化」から日本を捉え直す、(3) 日本語を使用した上で「文化」とは何か自己の意見を再生する……と目標ごとに設定しました。
> ■まとめ
> 　学んだことが理解でき、説明できることを「GOAL」としました。さらにもともとのアイデンティティに加え、日本の国旗も入れて授業で日本のことが受講前より理解できるようになることをアピールしました。

4.2.7. 感想や学んだことなど

　勤めている大学ではコースシラバスのための指定フォーマットがあり、それに従って書くのですが、スクーリングや『インタラクティブ・ティーチング』で推奨された項目のほとんどが入っていました。したがって、指定フォーマットに沿うように書けば、ある程度のコースシラバスは完成します。

　しかし作成したコースシラバスを読み返すと、学生がどのような授業なのか知るためというより、「主任教員から見て個々の講師（特に非常勤講師）がどのような授業を計画しているか把握するため」という教員側の視点で書かれているように感じました。次回は学生側の視点を意識し、どんな授業で受講するとどのような能力が身につくのかわかるように書こうと思います。また「担当講師からのコメント」欄は空欄にすることが多いのですが、この欄こそが学生が講師の性格や個性を確認して受講するかどうかを決める重要な欄なのだと気づきました。次回からは「担当講師からのコメント」欄を記載し、学生に受講したいと思ってもらえるコースシラバスにしようと思います。

　またピアによるグラフィック・シラバス作成はとても学びのあるものでした。芸術鑑賞を専門とする方とピアをすることになり、私も日本文化を通じた異文化理解に関するシラバスを作成したいと考えたため、まずは「授業のゴールをどこに置くか」から考えることになりました。例えば芸術制作や外国語教育であれば、「完成」「ターゲットランゲージで意思疎通」といった明確なゴールとそこまでの道順が設定できます。そうでないものを教えようとする私達にはゴールとそこまでの道

順をコースシラバスで示すことが困難でしたが、グラフィック・シラバスはある程度の道順を視覚的に示せると感じました。グラフィック・シラバスは哲学や文化人類学などの道順を大切にする学問にも応用できると思います。

> シラバスの活用：
> 　「学生のために書く」とターゲットを意識することによって、より受講生にあったシラバスができるかもしれない。

4.3. 事例2　授業とディプロマ・ポリシーの相関「精神看護Ⅱ」

学校種	科目種別
短大	専門科目

4.3.1. シラバス作成者の略歴

　渡邊あゆみ先生は、埼玉医科大学病院の NICU で働いていらっしゃいました。働いているうちに看護師の実務だけでなく、教えることも大事ということを痛感し、埼玉医科大学短期大学看護学科で教員として働くことにされたそうです。現在、埼玉医科大学短期大学の看護学科で精神看護Ⅱ、精神看護セミナー、看護研究、精神看護実習を担当されています。中でも精神看護の担当は 7 年間されています（2021 年 7 月時点）。

　以下は渡邊先生ご自身による記述です。

4.3.2. シラバスに対する問題意識とワークショップ参加時の動機

　インタラクティブ・ティーチングに関する知見を得るまで、シラバスは授業の要約と考えていました。これは、シラバスをこれまでつくる立場になかったから実感がなかったのかと思います。そのような自分自身が今後のキャリアも考えて科目の責任者としてシラバスをつくるならば、どのように書くだろうかと考えたときにその知見を学びたいと感じるようになりました。

4.3.3. 作られたコースの概要と授業のターゲット

　「精神看護Ⅱ」は、看護学科の学生が 2 年後期になると必修で受ける授業です。1、2 年で学んだ「精神看護概論」や「精神看護Ⅰ」の知識を活用して精神的な健康問題に対する治療・看護を学習し、精神障害者と家族への理解、援助方法を習得し、3 年で行う病院での実習時に活かせることを目的としています。さらに、この授業を通して他にも社会的サービスの活用・援助方法も学び、精神看護実習で活かせるような知識を得ることを目指しています。

4.3.4. テキストシラバス

授業科目の区分		ライフサイクルと生活の場に応じた看護の方法				H 31 (2019) 年度
授業科目名	ナンバー	内訳	開講時期	必修・選択		単位／時間
精神看護Ⅱ	4015	講義	2 年後期	必修		1／30

概　要：精神看護概論・精神看護Ⅰで学んだ知識をもとに、精神の健康問題に対する治療と看護を学習し、精神障害者とその家族の理解や援助方法を習得することを目指す。また、社会復帰のための地域精神保健福祉サービスの活用や抱える問題への介入方法、地域社会生活への適応に向けた援助方法を学び、次年度の精神看護実習に活かせる知識を得る。	担当教員
目　的：精神疾患患者を理解し、その援助方法を学ぶことにより、自分自身の中にある精神障害者に対する偏見を認識し、患者を一人の人間として尊重することの重要性を理解する。	
到達目標：1. 精神疾患患者の特徴とその看護について説明できる。 　　　　　2. 精神看護の果たす役割について説明できる。 　　　　　3. 精神障害者の社会復帰、地域生活支援の重要性について説明できる。 　　　　　4. 自己のコミュニケーション方法を振り返り、自己洞察することができる。 　　　　　5. 精神患者のおかれている現状や社会の問題点を説明できる。	渡邊　あゆみ
卒業認定・学位授与方針（ディプロマポリシー）との関連 □①社会の変化に対応できる能力 □②人間を総合的に理解できる能力 □③科学的思考ができる能力ツール ☑④専門的な知識・技術・態度を統合して看護実践できる能力 ☑⑤保健医療福祉チームメンバーとして地域に貢献する能力 ☑⑥看護者として自己成長ができる基盤を身につける能力	
成績評価方法：　1. 課題（プロセスレコード）10%, 　2. 小テスト20%, 　3. 定期試験70%, 成績評価基準：　1〜3までの得点を合算し、全得点の60%以上を合格とする。	

回	月／日 （曜）	クラス	授業項目	内　　　　容	担当者
1	9/25	合同	精神看護の基本①	1. 精神医療・看護の対象者 2. 精神疾患の診断基準・分類 3. 精神障害者の抱える症状　　　　　　　教科書P1〜43	渡邊
2	10/2	合同	精神看護の基本②	1. 精神科の治療的環境と患者の入院生活　教科書P261〜289	渡邊
3	10/9	合同	精神科におけるコミュニケーション①	1. 精神障害を持つ人とのコミュニケーションの方法 　　　　　　　　　　　　　　　　　　教科書P193〜216	渡邊
4	10/16	合同	精神科におけるコミュニケーション②	1. プロセスレコードの目的・効果 2. プロセスレコードの記載方法・活用方法 3. プロセスレコードの記載・提出　　　教科書P217〜226	渡邊
5	10/23	合同	精神疾患患者の理解と看護①	1. 統合失調症患者の看護（急性期） 2. メンタルアセスメントとかかわり方（DVD視聴とGW） 3. 幻聴体験　　　教科書P63〜66・73〜78・290〜306	渡邊
6	10/30	合同	精神疾患患者の理解と看護②	1. 統合失調症患者の看護（慢性期） 2. メンタルアセスメントとかかわり方（DVD視聴とGW） 　　　　　　　　　　　　　　教科書73〜78・290〜306	渡邊
7	11/6	合同	精神疾患患者の理解と看護③	1. 双極性障害・うつ病患者の看護 2. メンタルアセスメントとかかわり方（DVD視聴とGW） 　　　　　　　　　　　　　　教科書P79〜90・306〜318	渡邊
8	11/13	合同	精神疾患患者の理解と看護④	1. 摂食障害・嗜好性障害患者の看護 　　　教科書P115〜122・126〜131・331〜337・345〜350	渡邊

9	11/20	合同	精神疾患患者の理解と看護⑤	1. 強迫性障害・心的外傷・パーソナリティ障害患者の看護 教科書 P91～107・140～142・338～344	渡邊
10	11/27	合同	精神疾患患者の理解と看護⑥	1. 発達障害の概念 2. 発達障害患者の特徴と必要な看護 3. 発達障害で問題となる二次障害 教科書 P66～73・351～363	渡邊
11	11/27	合同	精神疾患患者の理解と看護⑦	1. アルコール依存症の看護 2. メンタルアセスメントとかかわり方（DVD 視聴と GW） 教科書 P331～338	渡邊
12	12/4	合同	精神看護の発展	1. 小テスト（筆記試験） 2. リエゾン精神看護の役割 3. 司法精神医学と看護 4. 災害時の精神保健と精神看護の役割　　教科書 P451～508	渡邊
13	12/11	合同	地域における生活支援①	1. 日本の精神保健医療福祉の歴史 2. 欧米の精神科リハビリテーションの歴史 3. 精神障害を持つ人の社会参加 4. 精神障害者アウトリーチ推進事業　　教科書 P383～399	渡邊
14	1/8	合同	地域における生活支援②	1. 地域生活を支える社会制度 2. 地域生活支援の実際 3. 家族への支援　　教科書 P399～450	渡邊
15	1/15	合同	レクレーション療法	1. レクリエーション療法の目的・効果 2. レクリエーションの実際　　教科書 P173～174・482	渡邊

履修者へのコメント:
1. 履修条件
　　生涯発達論、精神看護概論を履修中または単位を修得していることが望ましい。
2. 履修にあたっての心構えと要望
　　1) 予習 30 分以上：提示した教科書の該当部分の内容を確認し授業に臨んでください。
　　　　復習 30 分以上：授業内容（教科書・配付資料）を振り返り、関連する参考書なども使って要点をノートにまとめてください。
　　2) 生涯発達論、コミュニケーション論で学習した内容を授業前に復習しておいてください。
　　3) 精神障害者を主役にした映画を見ることを薦めます。例えば、「ビューティフル・マインド」「カッコーの巣の上で」「17 歳のカルテ」「レインマン」「人生、ここにあり！」「ツレがうつになりまして」「閉鎖病棟」他
3. その他
　　講義に関する連絡は掲示をもっておこなうので確認するようにしてください。

オフィスアワー:講義に関する質問は、授業時間内に積極的にしてください。授業時間外は、月曜日から金曜日 8:30～17:00 の間に研究室 12 渡邊まで質問に来てください。

教科書:
岩崎弥生・渡邉博幸：『精神看護学②　精神障害を持つ人の看護』（メヂカルフレンド社）2018.

参考書:
1. 厚生労働統計協会編：『国民衛生の動向』2018/2019.
2. 岩崎弥生・渡邉博幸：『精神看護学①　精神看護学概論・精神保健』（メヂカルフレンド社）2015.
3. 武井麻子：『精神看護学【1】精神看護の基礎』（医学書院）2017.
4. 武井麻子：『精神看護学【2】精神看護の展開』（医学書院）2017.
5. 中村ユキ：『わが家の母はビョーキです』（サンマーク出版）2008.
6. 中村ユキ：『わが家の母はビョーキです 2』（サンマーク出版）2010.

その他、自主的に求める。

図 14　「精神看護Ⅱ」のテキストシラバス（埼玉医科大学短期大学シラバスの形式を引用し作成）

4

シラバスの事例をみる

『卒業認定・学位授与方針（ディプロマポリシー）との関連』では、六つある大学のディプロマ・ポリシーの中から、「精神看護Ⅱ」がどの能力を向上させるのに良いかという観点から選びました。更に各論では、その授業の内容を簡単に説明し、該当の教科書を例示しました。『履修にあたっての心構えと要望』では、予復習を 30 分以上と、具体的な数値を出すことによって目安をつくり、さらにどのように勉強をしたら良いかを例示しました。更に、種々の精神障害者を主役とした映画を見ることを予復習の一例として出し、学生にとってハードルが高くならないように工夫しました。このハードル設定の考え方は、『参考書』でも使っています。ここではコミックエッセイを参考書に選びました。

4.3.5. グラフィック・シラバス

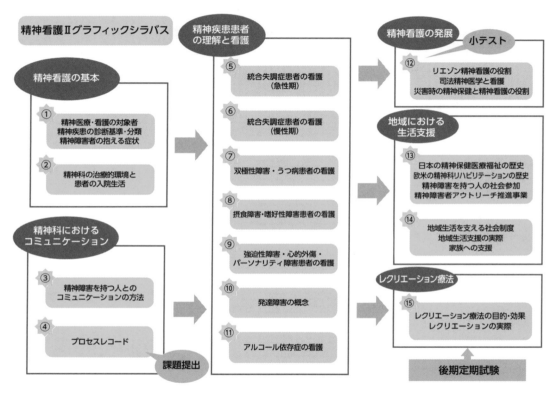

図 15 「精神看護Ⅱ」のグラフィック・シラバス

　精神看護Ⅱでは、1 年次に学んだ「精神看護概論」や 2 年次前期に学んだ「精神看護Ⅰ」の学習内容をもとに、それぞれの精神疾患患者の看護を詳しく学んでいきます。

- ■第 1・2 回は精神看護の基本として、この科目のプロローグや今までの復習もかねて、精神障害者の特徴や症状を押さえながら、わかりにくい精神疾患の診断基準や分類について理解を深めます。さらに治療的環境と入院生活について考えていきます。
- ■第 3・4 回には、基礎看護実習における患者との関わりのなかで感じた違和感をプロセスレコードの記載によって自己洞察し、精神障害者の特徴的なコミュニケーション方法について学びま

す。そのプロセスレコードを課題レポートとします。

■第5回～第11回はそれぞれの精神疾患患者の看護を各論として学んでいきます。その際イメージがつきやすいよう DVD を用いてグループワークをしながらアセスメントを共有していきます。

■各論の学習が終わった、第12回の授業冒頭で小テストを行います。そして各疾患の看護知識を統合し、精神看護の発展や精神障害者の地域における生活支援の実際やレクリエーション療法を学習して、この科目は終了となります。

この後、3年次では実際に病院に赴き実習をします。その臨地実習につながるような学習をしていきます。

4.3.6. 感想や学んだことなど

今回シラバスについて学び、今までの考えを改めなければならないと強く感じました。私は現在、シラバスを作成する立場にないため、自分が担当する授業の内容を簡単に考え要約を示しただけでした。しかし研修を受け、シラバスとは様々な役割をもち、学生にとっても教員にとっても大変重要な価値のあるものであることを学びました。

研修では自分が科目責任者としてシラバスを作成するならば、という視点で考えてみました。グラフィック・シラバスの作成やテキストシラバスの改善演習において実感したことは、大学全体を俯瞰してみることの重要さです。所属大学の教育理念に始まりディプロマ・ポリシーや、カリキュラム構造を熟知することで、担当する科目が全体のカリキュラムのなかでどのような位置づけであるのかを考えて、シラバスを作成する必要があります。

またグラフィック・シラバスの考え方を学んだから思うようになったことですが、担当する科目だけではなく、他の科目との関連性や継続性を考えながら看護という立体的な構造をイメージできると良いと考えます。先日、授業内容が他領域と関連するところがあり、教員同士で授業計画を変更し連続性や関連性を強調して授業を行うことで学生の学びが促進された経験をしました。シラバスで提示した内容とは多少異なりましたが、学生も教員もモチベーションが上がる授業となりました。その経験をふまえて、看護学では科目間の関連性も非常に重要であるため、担当科目だけではなく、学部全体のカリキュラムを考えながらシラバスを作成していきたいと考えます。

シラバスの活用：
　授業自体とディプロマ・ポリシーとの相関を表し、予復習の方法を具体的に示すとわかりやすいものになるかもしれない。

4.4. 事例3 主語と動詞を意識する「医療倫理」

学校種	科目種別
大学	キャリア形成科目

4.4.1. シラバス作成者の略歴

　中田亜希子先生は、東邦大学医学部の医学教育センターで講師をされています。東邦大学医学部で、1年生から6年生までの全人的医療人教育に携わり、特に生命倫理や医療倫理に関連する授業を担当しています。更に城西国際大学に赴き薬学部で「医療倫理」、総合福祉学部理学療法学科で「医療倫理学」の授業をご担当されています。今回ご紹介するシラバスは城西国際大学での授業を想定しつくられました。

　以下は中田先生ご自身による記述です。

4.4.2. シラバスに対する問題意識とワークショップ参加時の動機

　シラバス作成にあたり、「頭の中でどのようなことを書くか、整理ができていない。」「シラバス作成の方法がわからない。」ということが課題でした。

4.4.3. つくられたコースの概要と授業のターゲット

　「医療倫理」は、薬学部1年の前期という、入学したての学生を対象とした授業です（2021年時点）。入学したて初年次教育としての重要なタイミングで、患者さんに寄り添える人材となるべく倫理観を涵養することを目的とした授業です。

　「医療倫理」は、設置されている薬学部のカリキュラム・ポリシーとして提示されている「臨床マインドを育成する」という目的の一端を担っています。臨床マインドは、医療人に相応しい責任感や倫理観に基づく行動習慣を身につけ、豊かな人間性を醸成するものです。

4.4.4. テキストシラバス

授業科目名	医療倫理
配当学科・学年	薬学部　1年
開講学期	前期
担当教員	中田亜希子
単位数	2
備　考	連絡先：

授業の到達目標 及びテーマ	医療倫理の基本的理論・原則を説明できる。医療倫理のトピックと一般的な対立・葛藤の構図を説明できる。また、グループでのディスカッションを通して、自分の考えを言語化する。
授業の概要	本授業の目的は、患者さんに寄り添える薬剤師に求められる倫理観・臨床マインドを涵養することである。本コースの前半では、医療倫理に関する基本的な理論、コースの後半は医療医倫理のトピックをテーマとして、一般的に考えられる対立や葛藤の構造を理解する。各回では、基本的な知識の講義ののち、少人数によるディスカッションを行い、自分の考えを言語化する。2回目以降各授業の冒頭に小テストを受け、8回目のグループごとの課題シートを翌週に提出をする。
授業の計画	第1回　オリエンテーション 医療倫理を学ぶ意義、事実と価値の違いを理解する。「シンク＆シェア」、「ラウンド・ロビン」の討議手法を体験する。 ［事前・事後学習］　事前に「倫理」と「道徳」の意味、「法」と「倫理」の違いを調べてくる。授業後、「患者さんに寄り添える薬剤師」になるためになぜ医療倫理を学ぶのかを自分の言葉で考える。 第2回　功利主義と義務論（1） 「善い」行いとは何か、その基準について討議する。功利主義、義務論、徳倫理の三理論について、トロッコ問題をテーマに主に功利主義と義務論について考える。 ［事前・事後学習］　事前に、「功利主義」「義務論」「徳倫理」とはどのような概念かを調べる（参考資料：入門・医療倫理Ⅰ）。授業後、集団災害医療について自分で調べてみること。 第3回　功利主義と義務論（2） 前回に続いて、主に功利主義と義務論について考える。ビデオ視聴後、功利主義と義務論についての理解を深める。 ［事前・事後学習］　事前に、「功利主義」と「義務論」の違いを整理しておくこと。授業後、授業内で提示された事例について自分の意見を考え、学生同士で討論する。 第4回　徳倫理と医療倫理の四原則 前回に続いて、前半は倫理の三理論の「徳倫理」について学ぶ。後半は理論と原則の関係および医療倫理の四原則や倫理規範について考える。 ［事前・事後学習］　事前に、「ヒポクラテスの誓い」（時代、内容）、「薬剤師の行動規範」（団体、内容）を調べる。授業後、行動規範に示された薬剤師像がどのような徳を有しているかを各自で考える。 第5回　職業倫理・守秘義務 薬剤師の行動規範、リスボン宣言、医学研究における重要な指針となるヘルシンキ宣言の知識を深める。討論を通して守秘義務について考える。 ［事前・事後学習］　事前に、（第4回の授業で配布した）リスボン宣言、ヘルシンキ宣言を読んでくる。授業後、医療者に守秘義務が求められる理由を、功利主義、義務論、徳倫理のそれぞれの視点から考える。

	第6回　自律尊重原則 生命倫理の四原則の概略と、自律尊重原則の基本概念を学ぶ。特に「インフォームド・コンセント」を中心に考えを深める。 [事前・事後学習]　事前に、「インフォームド・コンセント」の意味を調べ、医療のどのような場面にインフォームド・コンセントがなされているかを考えてくる。授業後、ヘルシンキ宣言およびリスボン宣言を見直し、自律尊重に関連する部分を確認する。 第7回　善行原則・無危害原則 善行原則と無危害原則の基本概念を学ぶ。 [事前・事後学習]　事前に、WHOの健康の定義を調べてくる。「Quality of Life；QOL」の意味とそれを測る方法があるかどうかを調べてくる。 授業後、リスボン宣言を見直し、善行と無危害に関する記述を確認する。 第8回　正義原則 正義原則の基本概念を学ぶ。討論を通して、公平であることについて考えを深める。 [事前・事後学習]　事前に、「2025年問題」の意味と、医療においてどのような問題が生じるかを調べる。授業後、課題についてグループの意見をまとめる。（翌週、課題シートを提出する。） 第9回　医療倫理の四原則のまとめとその他の原則 医療倫理の四原則以外の原則（誠実さ／正直さ、ケアの倫理）や個人情報保護について学ぶ。後半は臓器移植について討論をする。 [事前・事後学習]　事前に、臓器移植の日本の現状、「脳死状態」と「植物状態」の違いを調べてくる。授業後、現行の「臓器移植法」の内容を自分で詳しく調べる。
授業の計画	第10回　命の始まり（1） 人工妊娠中絶、出生前診断が抱える倫理的ジレンマを理解する。 [事前・事後学習]　事前に、日本の人工妊娠中絶の現状および出生前診断がどのような医療であるかを調べる。授業後、日本で出生前診断 第11回　命の始まり（2） 前回の生殖補助医療に続き、着床前診断特、代理懐胎が抱える倫理的ジレンマを理解する。 [事前・事後学習]　事前に、着床前診断、人工授精、体外受精がどのような医療であるかを調べる。授業後、海外渡航して行う代理懐胎の倫理的問題点を自分で調べる。 第12回　命の終わり 安楽死・尊厳死、緩和医療の概念を理解する。また、終末期に関する医療ドラマを視聴して終末期医療における倫理的ジレンマについて考える。 [事前・事後学習]　事前に、日本尊厳死協会のホームページにアクセスし、Living Will（尊厳死の宣言書）を確認する（http://www.songenshi-kyokai.com/living_will.html）。 授業後、森鷗外「高瀬舟」を読み、主人公が医療者だった場合にどのような問題が生じるかを考える。 第13回　がん医療 がん領域で起こりやすい倫理的問題について考える。 [事前・事後学習] 事前学習として、「Dipex Japan 健康と病の語り」（https://www.dipex-j.org）にアクセスし、乳がん、前立腺がん、大腸がんのいずれかの患者の語りを聴いてくること。事後学習として、臨床試験とは何かを自分で調べ、患者が臨床試験に参加する場合の倫理的問題が何かを考える。 第14回　エンハンスメント ドーピングの視点を踏まえて、エンハンスメントと医療の関係について考えを深める。

授業の計画	[事前・事後学習] 事前に「エンハンスメント」の概念と「ゲノム編集」がどのような技術か調べる。WHO の健康の定義を見直してくる。授業後、興味のある医療技術に着目し、どのような分野のエンハンスメントの可能性があるかを各自で考える。 第 15 回　これからの医療と研究倫理 クローン、再生医療、研究倫理（特に被験者保護）について、理解を深める。 　[事前・事後学習]　事前に「臨床試験」、「iPS 細胞」、「ES 細胞」とは何かを調べてくる。特に iPS 細胞は ES 細胞との違いに焦点を当てて調べてくること。授業後、新しい医療技術が生み出される中にあっても「患者さんに寄り添える薬剤師」であるために必要な資質とは何かを、各自で考える。
テキスト （5 冊まで）	授業時に適宜プリントを配布する
参考文献・推薦図書 （5 冊まで）	『改訂版　入門医療倫理 I』、赤林朗編 (勁草書房 /2017/¥3300+ 税) 『薬剤師のモラルディレンマ』、松田純・川村和美・渡辺義嗣 編 (南山堂 /2010/¥3240) 『マンガで学ぶ生命倫理：わたしたちに課せられた「いのち」の宿題』、児玉 聡 (著)・なつたか (著) (化学同人 /2013/¥1080)
試験及び成績評価	小テストと課題シート提出の他、期末試験を実施する。配点は以下の通りとする。 ○期末テスト 70% ○授業内小テスト 20%（各回 1〜2 点の配点） ○課題シート　10% 授業内小テスト・課題シートに対するフィードバックについて：授業内で解説する。

図 16　「医療倫理」のテキストシラバス

　このシラバスでの形式では連絡先などがなかったため、備考に連絡先を記載して対応しました。「授業の到達目標およびテーマ」では、目標を三つ記載し、「授業の概要」で目的について言及しました。さらに、「授業の概要」では、前半と後半に分けて理解する事項を記載しました。また、「授業計画」では各授業の説明とともに、事前・事後学習を課し、その内容を書きました。「参考文献・推薦図書」では、タイトルや著者、出版社だけでなく定価も書き、学生が購入する際に検討しやすいように工夫しました。

　更に「試験および成績評価」では、各授業の評価を割合とともに示しました。また、小テストや課題の解説を行うということを明記しました。

4.4.5. グラフィックシラバス

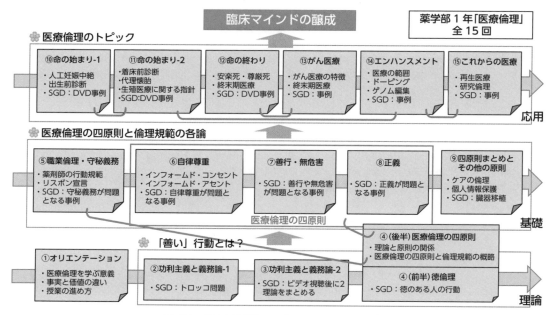

図17 「医療倫理」のグラフィックシラバス

「医療倫理」は、90分の「クラス」が15回集合して形成されています。図では、一つの「クラス」が四角で表現されています。そして、各「クラス」にも「目的・目標」「内容」があり、事後学習も含めて翌週に「評価」を実施します。また、学生たちは、中間回の8回目には課題シートの作成を行います（提出は翌週）。これは、本コースの目的・目標の一つを評価するものです。それぞれのクラスにはトピックがあり、それに沿ったレクチャーの時間とスモールグループディスカッション（SGD）が行われます。

15回のクラスは、大きく「理論：善い行動とは何か？」「基礎：医療倫理の四原則と倫理規範の各論」「応用：医療倫理のトピック」の3層からなっています。それぞれ、理論・基礎・応用の順番になるように、かつ、関連がある「クラス」が近い回になるように組み立てています。

4.4.6. 感想や学んだことなど

グラフィック・シラバスにとりくんで、自分の頭の中が整理されたように感じました。今後、コースで授業を任される際には、まずグラフィック・シラバスを作成して、それをテキストシラバスに落とし込む、という手順でシラバスを考えようと思います。

また、テキストシラバスの演習では使われる動詞と主語を改めて認識することができました。今まではなんとなく動詞を使っていましたし、学生を主語にするということができていませんでした。来年度の自分の授業シラバスはもちろん修正しますが、複数の教員で担当している授業のシラバスも、動詞や主語を意識して作成するよう、進言したいと思います。評価活動のところでは、自分が掲げた目標と評価（特に小テストやレポートなどの形成的評価）のマトリックスが頭の整理に役立ち、これを作成することで目標と評価のミスマッチが起きにくくなると思いました。これは今後も

実践していきたいと思います。

　余談ですが、シラバスには本来ページ制限がないということに衝撃を受けました。電子化されていないころ、シラバスを見開き2ページに収めるよう求められたことがあり、シラバスにはページの制限があるのだと思い込んでいたためです。不十分と思いつつも文字数を削って、それを何年も盲目的に踏襲してきました。思い込みで視野が狭くなることを実感しました。

　最後に、自分だけでとどめておくのは勿体ないので、今回学んだシラバスの書き方を所属教室の教員とも情報共有いたします。ありがとうございました。

シラバスの活用：
　学生を主語にし、動詞を意識する。

4.5. 事例4　学生の労力を考える「国際社会の抱える諸問題」

学校種	科目種別
大学	専門科目（基礎）

4.5.1. シラバス作成者の略歴

　村嶋美穂先生は、企業と社会、企業の社会的責任（CSR）、開発経済学をご専門とされております。米国コロンビア大学公共政策大学院で修士号、早稲田大学で博士号を取得後、早稲田大学地域・地域間研究機構を経て、現在は立教大学経営学部助教として「企業と社会」関連の授業を担当されています。「インタラクティブ・ティーチング」アカデミー受講時は、早稲田大学アジア太平洋研究科博士後期課程修了直後のタイミングでした。

　以下は村嶋先生ご自身による記述です。

4.5.2. シラバスに対する問題意識とワークショップ参加時の動機

　私がワークショップを受講した動機は、今後、大学教員として講義を計画する上で「シラバス」は重要なエッセンスのような位置づけのものであると考えたからです。「シラバス」には、講義の概要や狙い、達成目標や講義スケジュール等、講義計画を練り上げていく上で最初に検討すべき項目がまとめられています。それをないがしろにせず、その意義や効果的な書き方をきちんと学ぶことで、自分の講義の質向上に役立てたいと考えました。

4.5.3. つくられたコースの概要と授業のターゲット

　「国際社会の抱える諸問題」の対象学年は学部の1、2年生です。大学に入ったばかりの学生に何を伝えたらよいのかと考えた時に、今後、国際社会で活躍するためには、世界が抱える諸問題について理解し議論できる力が必要と考えました。そのために、世界で今起こっている問題の現状や取り巻く環境を学ぶ「国際社会の抱える諸問題」の授業をつくることとしました。

4.5.4. テキストシラバス

　次のページから始まるようなテキストシラバスを仕上げました。

グローバル・コミュニケーション学部教員公募選考用シラバス記入用紙

科目名	国際社会の抱える諸問題	担当者	村嶋美穂

講義の 目的・概要	【概要】 　近年、国内及び国際社会で活躍するためには、世界が抱える諸問題について理解し、議論できる力が必要不可欠となっています。本授業は、世界で今起こっている問題の現状や取り巻く環境につき学びます。また、各問題につき自分で考えるきっかけとしてプレゼンテーションの実践も行います。具体的には、2015 年に国連サミットで採択された「持続可能な開発目標（SDGs）」を切り口として貧困、インフラストラクチャー不足、環境（気候変動）、平和等様々な面から問題を学び、各自興味を持った問題について年間 2 回グループ・プレゼンテーション（もしくはレポート執筆）の機会を設けます。 【キーワード】 　開発、国際社会、SDGs、開発途上国、気候変動、平和構築、経済発展、社会課題、JICA 【目的】 　将来、国内及び国際社会で活躍するため、世界が抱える諸問題について理解し、議論できる力を身に付ける。 【目標】 ● 世界で今起こっている諸問題について説明できる。 ● 世界で今起こっている諸問題のうち、特に興味があるトピックに関し、その原因や取り巻く環境につき詳しく説明できる。 ● 世界で今起こっている諸問題のうち、特に興味があるトピックに関し、自分の考えが述べられる。
教材 参考書	（教科書） 　国際連合（2015）『我々の世界を変革する：持続可能な開発のための 2030 アジェンダ』 (Transforming our world: the 2030 Agenda for Sustainable Development) こちら↓からダウンロードできます 日本語：　https://www.mofa.go.jp/mofaj/files/000101402.pdf 英　語：　https://www.un.org/ga/search/view_doc.asp?symbol=A/70/L.1 その他必要資料は、授業毎に指示・配布します。 （参考書） 沖大幹、小野田真二、黒田かをり、笹谷秀光、佐藤真久、吉田哲郎（2018）『SDGs の基礎』 事業構想大学院大学出版部
評価の方法	・授業参加（毎授業終了後に簡単なレポート提出）70% 　　⇒各テーマに関し、現状（原因含む）、取り巻く環境を纏められているか ・グループ・プレゼンテーション（もしくレポート執筆）30% 　　⇒問題の原因や取り巻く環境につき詳しく説明できているか 15% 　　⇒自分の考えを述べているか 15%
備　考	・授業中、ランダムに意見を聞くことがありますが、正誤があるような内容はなく、かつ評価には影響しません。 ・グループ・プレゼンテーションがありますが、初めての方向けの準備セッションを設ける予定です（任意参加）。 ・グループ・プレゼンテーション当日に参加が難しい方向けに予備日を設ける予定です。

1	**世界の諸問題を学ぶ意義** 　世界で起こっている問題を学ぶことの意義、本授業を履修する意義について説明します。 事前学習：特になし。
2	**持続可能な開発目標（SDGs）とは何か？** 　SDGs はいつ、誰が、どのような目的で作ったのか。SDGs を取り巻く国内外の状況はどうなっているのかといった内容につき説明します。 事前学習：教科書の「前文」と「宣言」（P 1-12）を読んできてください。
3	**貧困、飢餓** 　SDGs の目標1と2に関連する「貧困」、「飢餓」につき、現状と各機関の取り組みにつき説明します。 事前学習：教科書の「持続可能な開発目標（ＳＤＧｓ）とターゲット」と「目標1，2」（P13-16）を読んできてください。
4	**保健、教育** 　SDGs の目標3と4に関連する「保健」、「教育」につき、現状と各機関の取り組みにつき説明します。 事前学習：教科書の「目標3，4」（P16-18）を読んできてください。
5	**ジェンダー/ プレゼンテーション準備** 　SDGs の目標5に関連する「ジェンダー」につき、現状と各機関の取り組みにつき説明します。また、授業の後半でグループ・プレゼンテーションに向けたグループ分け、テーマ決定等を行います。（中間試験がレポートになった場合は、グループ・ディスカッション及び簡単な発表を実施します。また、授業後半にレポートに関する教員への個人質問時間を設けます。） 事前学習：教科書の「目標5」（P18）を読んできてください。また、これまでの授業内容に基づき、自分が興味のあるテーマを考えてきてください。
6	**プレゼンテーション準備** 　グループ・プレゼンテーションに向けた準備を各グループで実施します。必要に応じ、教員が質問に答えます。（中間試験がレポートになった場合は、グループ・ディスカッション及び簡単な発表を実施します。また、授業後半にレポートに関する教員への個人質問時間を設けます。） 事前学習：プレゼンテーションに関する予習を各自行ってください。国際協力機構（JICA）や世界銀行、国際連合の HP 等が活用できます。
7	**グループ・プレゼンテーション** 　各グループによるプレゼンテーションを実施します。（中間試験がレポートになった場合は、グループ・ディスカッション及び簡単な発表を実施します。また、授業後半にレポートに関する教員への個人質問時間を設けます。） 事前学習：プレゼンテーションに関する予習を各自行ってください。国際協力機構（JICA）や世界銀行、国際連合の HP 等が活用できます。
8	**水・衛生、エネルギー** 　SDGs の目標6と7に関連する「水・衛生」、「エネルギー」につき、現状と各機関の取り組みにつき説明します。 事前学習：教科書の「目標6、7」（P18-19）を読んできてください。

9	**成長・雇用、イノベーション、不平等** 　SDGs の目標 8、9、10 に関連する「成長・雇用」、「イノベーション」、「不平等」につき、現状と各機関の取り組みにつき説明します。 事前学習：教科書の「目標 8、9、10」(P19-21) を読んできてください。	
10	**都市、生産・消費** 　SDGs の目標 11、12 に関連する「都市」、「生産・消費」につき、現状と各機関の取り組みにつき説明します。 事前学習：教科書の「目標 11、12」(P22-23) を読んできてください。	
11	**気候変動、海洋資源、陸上資源** 　SDGs の目標 13、14、15 に関連する「気候変動」、「海洋資源」、「陸上資源」につき、現状と各機関の取り組みにつき説明します。 事前学習：教科書の「目標 13、14、15」(P23-25) を読んできてください。	
12	**平和** 　SDGs の目標 16 に関連する「平和」につき、現状と各機関の取り組みにつき説明します。 事前学習：教科書の「目標 16」(P25-26) を読んできてください。	
13	**実施手段 / プレゼンテーション準備** 　SDGs の目標 17 に関連する「実施手段」につき、現状と各機関の取り組みにつき説明します。また、授業の後半でグループ・プレゼンテーションに向けたグループ分け、テーマ決定等を行います。（期末試験がレポートになった場合は、グループ・ディスカッション及び簡単な発表を実施します。また、授業後半にレポートに関する教員への個人質問時間を設けます。） 事前学習：教科書の「目標 16」(P26-28) を読んできてください。また、これまでの授業内容に基づき、自分が興味のあるテーマを考えてきてください。	
14	**プレゼンテーション準備** 　グループ・プレゼンテーションに向けた準備を各グループで実施します。必要に応じ、教員が質問に答えます。（期末試験がレポートになった場合は、グループ・ディスカッション及び簡単な発表を実施します。また、授業後半にレポートに関する教員への個人質問時間を設けます。） 事前学習：プレゼンテーションに関する予習を各自行ってください。国際協力機構（JICA）や世界銀行、国際連合の HP 等が活用できます。	
15	**グループ・プレゼンテーション** 　各グループによるプレゼンテーションを実施します。（期末試験がレポートになった場合は、グループ・ディスカッション及び簡単な発表を実施します。また、授業後半にレポートに関する教員への個人質問時間を設けます。） 事前学習：プレゼンテーションに関する予習を各自行ってください。国際協力機構（JICA）や世界銀行、国際連合の HP 等が活用できます。	

図 18「国際社会の抱える諸問題」のテキストシラバス

テキストシラバスは、概要、キーワード、目的、目標が『講義の目的・概要』に記載されています。この『キーワード』の欄は学生が検索しやすいように作成しました。その下には、英語版・日本語版それぞれに国連関連資料の URL を記載した上で、教科書として紹介しています。更に評価方法を書いています。備考には、初心者向けセッションとして、任意で参加する補講を設けました。初稿では評価の方法の項目で、①「毎授業終了後に教室にて簡単な感想提出」、②「問題を正しく理解できているか」と書きました。しかし、①で「感想」という文言を入れましたが、学生からのリアクションは「感想」に限らないということ、また②の項目では「正しく」など曖昧な表現があり、誤解を招くような内容が書かれていると判断しました。そこで学生の立場に立って、明確な表現を意識しました。①については「簡単な感想」から「簡単なレポート」へと訂正し、更に、②は「問題の原因や取り巻く環境につき詳しく説明できているか」と変更しました。

また、興味のあるトピックに関し、「他者と議論できるから」から、「自分の考えが述べられる」と学部1、2年生のレベルに合った目標に変更しました。

4.5.5. グラフィックシラバス

「国際社会の抱える諸問題」は各回の講義テーマが独立しているコースです。

大きく「導入」、「本編」、「まとめ」に分かれています。

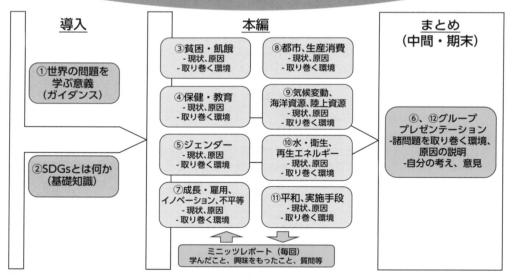

図 19 「国際社会の抱える諸問題」のグラフィックシラバス

■導入部
　導入部の２回は、学生がこの授業内容を学ぶ意義、得られる知識・スキルを伝えるガイダンスのような位置づけです。
■本編
　各回のテーマを切り口として諸問題を深く掘り下げます。
■まとめ
　中間試験、期末試験期間にグループディスカッションを行い、もう一つの評価対象である授業内容の理解と自分の考えを述べられているかを確認します。

4.5.6.　感想や学んだことなど

　今回学んだ内容で特に影響を受けたのが、シラバスそのものの意義もしくは活用方法です。単にコース内容を表面的に伝えるものではなく、学生とコースを通じて得られるものを共有し、また約束するとても大切なものであることを理解しました。また、教える側も初めにコースデザインをきちんと行っておくことで、その後の授業の進め方が合理的かつ効果的になることを学びました。今後シラバスをつくる際には、上記のことを意識しながら「意味のある」シラバスをつくりたいと思います。

　また、コースデザインの仕方についても、グラフィックを使う方法をはじめて知りました。付箋を使いながらコースを組み立てていくことで、過不足なくわかりやすい構成が可能になることを学べました。今後、自分でも付箋もしくは PC 上の類似機能を活用し、まずはコース内容を絵にして俯瞰する習慣をつけたいと思います。

4.6. 事例5　オンライン授業への対応「化学特論」

学校種	科目種別	備考
高専	-	オンライン授業対応

4.6.1. シラバス作成者の略歴

「化学特論」のシラバスをつくられたのは関戸大先生です。関戸先生は博士号取得後、薬学と化学をご専門とし、日米の大学で研究されました。その後仙台高等専門学校で 2008 年から常勤講師をしていらっしゃいます。そこでは、「化学特論」、「有機化学 I」、「生物基礎」、「基礎生物化学」、「有機材料」、「環境工学」、「環境化学概論」、「材料システム学」、「物質化学」、「総合工学基礎」を担当されております。

更に、関戸先生は過去のインタラクティブ・ティーチングのワークショップにご参加され、インタラクティブ・ティーチングに関する教員研修や FD の企画運営、講師を幾度もされています。2018 年 10 月から 2020 年 3 月まで東京大学で特任研究員として、東大 FFP（Future Faculty Program）という東京大学で行われている FD のアシスタント講師、教員向け研修「インタラクティブ・ティーチング」アカデミーの講師をされていました。

そのようなシラバスに関して知見の深い関戸先生はどのようなシラバスをつくられるのでしょう。COVID-19 が大流行し、オンライン授業が様々な教育機関で行われ始めた 2020 年に仙台高等専門学校で使用されている化学特論を例に見ていきます。

以下は関戸先生ご自身による記述です。

4.6.2. 作られたコースの概要と授業のターゲット

「化学特論」は、4 年生対象の選択科目です。4 年生の高専生を対象としている一般科目の授業です。化学を俯瞰的に学び、後続の各論でこの授業の内容を応用でき、更には将来的に技術者となる学生に必要な背景を教えるということを意識した授業です。それだけではなく化学の面白さも意識しています。

4.6.3. テキストシラバス

科目名	化学特論
科目区分	選択
単位の種別と単位数	学修単位：2.0
対象学年	マテリアル環境コース 4 年生
担当者	関戸大

授業の概要

　産業界を支えるテクノロジーの大元は全て化学物質です。例えば、みなさんの使っているスマートフォンには、半導体、金属、ガラスなど多くの物質が使われています。

　そして全ての新しいテクノロジーは、物質の発展に支えられて来ました。物質を原子・分子のミクロレベルから理解する学問、化学は新しいテクノロジーの提案・開発に不可欠です。

　本授業では、前半では一般科目の化学で学んだ内容を発展させつつ、原子の結合の仕方で金属、半導体、セラミック、高分子、電池など様々な物質が作られる原理とその性質を体系的に学びます。

　また、後半では熱力学を通して物質の作り方について学ぶことで、講義修了時にエンジニアに必要な化学全般の知識とその使い方を習得します。

　一般科目の化学では単に暗記で終わっていた知識に肉付けを行うことで、化学分野での研究に必要な背景が身につきます。また各論を学ぶ前に俯瞰的に化学を学ぶことで、これから学ぶ各論を自分で関連づけられるようになります。

目的・目標

（目的）

体系的に化学について学び、身近な現象や身の回りの物質の性質を説明できるようになる。

（目標）

原子・分子の性質を用いて身の回りの物質の性質、身近な現象を説明できる

金属、セラミック、有機材料について性質とその応用例を説明できる

熱力学を用い、化学反応の制御手法を提案できる

キーワード

化学　原子モデル　金属　半導体　分子　配位化学　高分子化学　電気化学　熱力学　化学平衡

授業の方法

　本授業はZoomを使い、オンラインでインタラクティブに実施します。授業中はブレイクアウトルームでグループディスカッションを行います。

　端末は自身でご用意ください。PCでの参加を推奨しますが、スマホやタブレットでも受講可能です。また、ネット環境に不安がある場合、YouTube Liveでの同時配信を行いますので、そちらからの聴講も可能です。

授業計画

　授業は原則下記に従って進みます。変更がある場合には学内掲示板でお知らせします。また各内容の関係については本シラバス末の「本プログラムの構成」をご覧下さい。

週	授業内容	到達目標	この日に出る課題
1週	「ガイダンス」「気体の研究と原子・分子仮説～アボガドロはどうやって原子を見つけたか？～」	原子・分子の存在がどのような発見を通してなされたか説明できる アボガドロ数、モルを使った計算ができる	
2週	「原子核と電子の発見～Bohrモデルは万能？～」	原子核・電子がどのような発見を通してなされたか説明できる Bohrモデルで扱えること、扱えないことを分類できる	
3週	「原子モデルの変遷～なぜ量子モデルが必要か？～」	Schrödinger方程式を解釈できる Bohrモデルと量子モデルの違いを比較できる	
4週	「原子の集合の仕方～金属・共有・イオン結合の違いは？～」	イオン化傾向、電子親和力について半閉殻から説明できる 原子の種類から結合の種類を予測できる	
5週	「金属結合～金属光沢とは何か？～」	金属結合と延性、展性、金属光沢を関連づけて説明できる	
6週	「半導体とLED～青色LEDはなぜ凄い？～」	バンド理論を用いて半導体とは何か説明できる 2原子で作る半導体（閃亜鉛鉱型）の組み合わせを予想できる	
7週	「分子の形と相互作用～氷はなぜ水に浮くのか？～」	分子間に働く相互作用を分類できる 分子の集合の仕方と物質の性質を関連づけられる	
8週	「振り返り」	1週から7週の内容について、演習問題を解き解説することができる	レポート課題（2w）
9週	レポート作成	レポート作成のため休講	
10週	「配位化学～ルビーとサファイアは同じ物質～」	配位結合とは何か説明できる 電子配置と色を関連づけられる	
11週	「高分子～プラスチックは硬い？柔らかい？～」	分子間力から熱硬化性樹脂、熱可塑性樹脂の性質を説明できる 官能基と主鎖の構造から高分子の性質を予測できる	
12週	「電気化学と電池～電池はいつ出来た？～」	酸化・還元とは何か説明できる 電池の仕組みを説明できる	
13週	「熱力学の基礎～エントロピーとは何か？～」	エントロピー、エンタルピーが状態量であることを説明できる 熱力学第一、第二法則を説明できる	レポート課題（2w）
14週	「化学平衡～排気ガスをキレイにするには？～」	ルシャトリエの原理を用い反応を制御する条件を提案できる	
15週	「振り返り」	9週から14週の内容について、演習問題を解き解説することができる	レポート課題（2w）
16週	「反応速度論～古い物質の年代鑑定はどうする？～」	化学変化と反応物の濃度を関連付けて説明できる 放射性同位体の半減期から年代鑑定の式を立式できる	

成績評価方法

授業への参加状況　20

課題の提出状況及び質的評価　80

・授業の参加状況については、授業中に出席確認用のgoogleフォームをお伝えします。そち

らへの入力をもって出席確認とします。
- 課題の質的評価については課題と共に配布するルーブリックに基づき評価します。レポート課題は授業内で、グループワークで行った議論と同じ課題について更に調査を行い記入して下さい。

参考図書
書名：エンジニアのための化学　著者：M.J.Shultz　発行所：東京化学同人

履修条件
前提知識は特に必要となりません。化学の知識については授業内で解説しますので、これまで専門化学を受講していない場合でも安心して受講して下さい。

受講者の皆さんへのメッセージ
本授業はみなさんと共に作る授業です。「化学は暗記科目」と敬遠している方も多いと思いますが、そのイメージを払拭し化学の面白さをみなさんに伝えることを目指しています。
将来、化学に関連する仕事に就かない受講者でも興味を持って取り組めるよう身近な話題を扱います。是非、化学の面白さに触れて下さい。

連絡先
受講者は別途 Slack グループに招待します。授業 URL、授業資料、課題は Slack で案内しますので必ず参加してください。授業への質問やご意見は Slack 内の質問チャンネルで常時受け付けます。

本プログラムの構成
本プログラムは第一部（1～12週）と第二部(13～16週)の2部構成になっていて、第一部では「原子から材料へ」と題して原子の構造とその結合の仕方から身の回りの材料や現象を説明できるようになります。第二部は「熱力学」について計算式を使わずに概念的なイメージができるようになります。

図20　「化学特論」のテキストシラバス

『授業の概要』のように、長くなるような文章は1～2文に切り、空欄をつくってより読みやすくなるように工夫しました。『目的・目標』、特に『目標』の三つ目では、『目的』の範疇に入らない、むしろ応用したものを書きました。『キーワード』では、アカデミアの世界ではよく五つを列挙することが慣例となっていますが、今回はわかりやすさを鑑み、数の制限は考えず記入しました。『授業計画』では、設定した各授業の到達目標を記入しました。更にそれぞれの講義の主題に、副題を付しました。これは各授業の到達目標をより話しかけるような文体で、かつシンプルに表現したものです。また課題を予告しました。そのときに課題の所要時間も書きました。『履修条件』では、「化学特論」のハードルが高いと思っている学生に対して安心してもらうように意識しています。これは、『受講者の皆さんへのメッセージ』にも書いています。

4.6.4. グラフィックシラバス

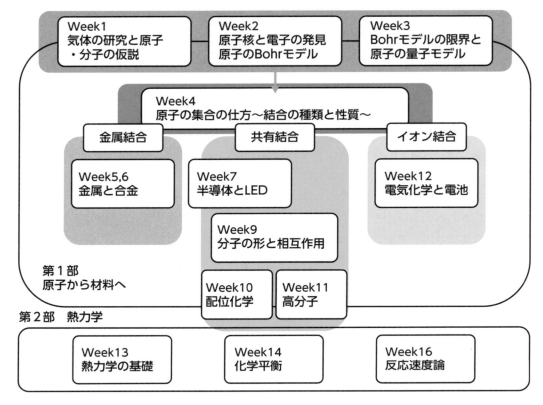

図 21 「化学特論」のグラフィックシラバス

授業は第1部（Week 1～12）と第2部（Week 13～16）の2部構成になっています。

■第1部「原子から材料へ」

　紫色で示されている部分（Week 1～3）では、原子の存在や構造の基本を学びます。

　その後 Week 4 で結合の種類の概観を見て、Week 5 から 12 までの各論に進みます。主に金属結合（Week 5、6）共有結合（Week 7～11）イオン結合（Week 12）の内容です。これらを学ぶことにより身の回りの材料や現象を説明できるようになります。

■第2部「熱力学」

　それらの原子と結合を学習した後は、それらの反応原理を熱力学の視点で論じます。これを学ぶことにより、計算式を使わずに概念的なイメージができるようになります。

番外：オンライン授業への対応

オンライン授業の方法

　このシラバスは、2020 年から様々な教育機関で行われているオンライン授業への対応も考慮に

入れたシラバスです。授業では Zoom を使って行います。インタラクティブに実施するというときには Zoom のブレイクアウトセッションを行って、学生一人一人が発言しやすい環境をつくります。端末はパソコンの使用を推奨としますが、急に対応ができないということも考えてスマホやタブレットなどの他の端末でも受講可能としました。更に、電波環境などが心配だった場合も考えて、YouTubeLive の限定配信を介したライブ配信も行い、二重三重に対策をしました。

授業の出席確認

授業中に出席確認用の Google フォームのリンクを伝え、それによって参加の確認をしていました。授業中に伝えることにより、リアルタイムの出席状況を把握することができることになりました。

オフィスアワーなど授業外対応の対策

本来の授業の形式とは異なり、気軽に研究室に来ることができない状況にいます。そのため、slack を用いてコミュニケーションを図りました。学生の皆さんの質問や意見を slack で常時受けつけ、対応できるようにしました。

シラバスの活用：
　種々の SNS やツールの特性を生かしながら、オンライン授業にいどむ。

4.7. 事例6 親しみやすさを意識する「国語総合」

学校種	科目種別
高校	——

4.7.1. シラバス作成者の略歴

　東海林志緒先生は、千葉県で公立の高等学校教諭として国語を担当されています。2021年で7年目です。この「国語総合」は、人事交流の一環でアクティブ・ラーニングを熱心にされている私立高校にいらっしゃった際に作成されました。この「国語総合」の他にも、2019年度は「現代文B」、小論文などを主に習う「入試国語」を担当されていました。

　以下は東海林先生ご自身による記述です。

4.7.2. シラバスに対する問題意識とワークショップ参加時の動機

　高校の授業を行う際に重要なことは学習指導要領の内容と合わせることです。学習指導要領に則しつつも効果的に授業を設計し、シラバスとして表現することを課題と考えていました。

　更に、「国語総合」は高校に入った生徒たちの多くが履修する授業です。その中には国語の得意な生徒も苦手な生徒もいます。苦手意識をもつ生徒たちにどのように親しみをもってもらうかということが課題でした。更に、忙しい高校生たちに効果的に、効率的に授業をとり、試験や課題に望んでもらうかということが問題意識でした。この課題をシラバスで解決できないかということも考えていました。

4.7.3. つくられたコースの概要と授業のターゲット

　「国語総合」は、「読む」、「話す・聞く」、「書く」、「知識・理解」、「関心・意欲・態度」などの言語を運用するための能力を涵養する授業です。さらに、これは得手不得手など多様な生徒を対象とする授業です。

4.7.4. テキストシラバス

「国語総合」	単位数　4　単位　（普通科選抜コース）
	担当　1年F組：東海林志緒

1．概要

　国語は人とのコミュニケーションについて学ぶ授業です。書かれていること、話されていることを「なんとなくこうだろう」と主観的に把握するのではなく、そこで選択されている表現から客観的に判断しようとする態度と能力を身につけるための時間です。また、自分の考えをただ相手にぶつけるのではなく、他者の納得や共感を引き出すにはどのように表現すればいいかを考える、実践する時間でもあります。

　ペアやグループでの学習活動があるので、誰かの発表を聞くときには話している相手の方を見る、

相手の意見を受け止めて頭から否定しないようにする、といった聞く姿勢を意識しましょう。活動の中では授業に関係のある、また、自分が開示してよいと思える範囲の中で話題を選択してください。

　授業内で読んだ文章や取り組んだ表現活動を、他の教科や自分の興味のある分野、社会生活に接続する姿勢を身につけましょう。

２．学習の目的

　現代および古典作品を読んで客観的に分析し、読みとったことを別の形にアウトプットしたり、自分の考えをクラスで発表したりする力を身につけます。古典作品については正確に読解するために、語句や文法についての知識の修得が重要になります。

３．学習の目標

　囗読む囗　論理的文章において、対比や具体例に注目して、筆者の主張を判断できる。

　囗読む囗　文学的文章において、登場人物の行動や心情の変化を説明できる。

　囗話す・聞く囗　目的に応じて、自分の考えを具体的に述べることができる。

　囗書く囗　目的に応じて、表現のしかたを考えて書くことができる。

　囗知識・理解囗　学んだ知識を読解に活用することができる。

　囗関心・意欲・態度囗　ペアワークやグループワークに積極的に参加することができる。

４．教科書・副教材など

　教科書　改訂版　標準国語総合（第一学習社）

　副教材　カラー版新国語便覧（第一学習社）、国語辞典（旺文社）、学習課題集（第一学習社）、
　　　　　トリプルチェック文字力王（教育研究会）

５．評価の方法

　成績は各学期の成績を総合したものを 100 点満点で 1 学年の最終成績とします。

　　考査の成績…80％

　　小テストへの取り組み…5％

　　課題への取り組み…10％

　　グループワークやペアワークへの貢献、ミニッツペーパーの提出…5％

　※囗話す・聞く囗、囗書く囗の単元で欠席し、パフォーマンスや提出が出来なかった場合は補習、あるいは後日の提出という形で対応します。また、ペアやグループワークの活動において、居眠りや内職での不参加、妨害などがあった場合は減点とします。

6．授業計画

学期	単元・内容	学習の目標	形成	総括
第一学期	読む　論理的文章 　　「水の東西」山崎正和 話す・聞く　ディベート 読む　文学的文章 　　「とんかつ」三浦哲郎 書く　リライト 知識・理解 　　「古文を読むために」１・２・３	・文章の中の対比を説明できる。 ・功罪を捉えて自分の主張に取り入れられる。 ・「とんかつ」が何を象徴しているか、解釈できる。 ・視点人物を変えて「とんかつ」を再構成できる。 ・歴史的仮名遣いを現代仮名遣いに直すことができる。	読む ワークシート 読む ワークシート 知識・理解 小テスト	定期試験①
	読む　論理的文章 「世界は謎に満ちている」手塚治虫 読む　文学的文章 　　「羅生門」芥川龍之介 書く　手紙 知識・理解 　　「古文を読むために」４、「児のそら寝」	・具体例と筆者の主張を区別することができる。 ・登場人物の行動や心情の変化を説明できる。 ・前文、主文、末文、後付の構成に則って手紙を書くことができる。 ・用言の活用を説明できる。	読む ワークシート 読む ワークシート 知識・理解 小テスト	定期試験②
第二学期	話す・聞く　ビブリオバトル 読む 　　「人はなぜ仕事をするのか」内田樹 書く　小論文 知識・理解 　　「なよ竹のかぐや姫」	・夏期休暇中に読んだ本を紹介できる。 ・筆者の問題提起と結論を対応させることができる。 ・自分の考えの根拠を提示できる。 ・本文中での用言の活用形を答えられる。	読む ワークシート 知識・理解 小テスト	定期試験③
	読む　文学的文章 　　「道程」高村光太郎、「二十億光年の孤独」谷川俊太郎、「清水へ」 書く　穴埋め短歌 知識・理解「東下り」、「漢文を読むために」１・２・３	・詩や短歌の表現や構成を識別できる。 ・定型詩の空欄に入る言葉を予測できる。 ・和歌を通して歌物語を解釈できる。 ・返り点に従って訓読文を書き下し文にすることができる。	読む ワークシート 知識・理解 小テスト	定期試験④
第三学期	読む　論理的文章 　　「イースター島になぜ森がないのか」鷲谷いづみ 書く　新聞記事分析 話す・聞く　スピーチ 知識・理解 　　「門出」、「五十歩百歩」・「蛇足」	・出来事を時系列に沿って整理できる。 ・社会における「持続可能性」について新聞記事を分析できる。 ・「持続可能性」について意見を述べることができる。 ・日記中の助動詞の意味を分析できる。 ・再読文字に従って訓読文を書き下し文にすることができる。	読む ワークシート 知識・理解 小テスト	定期試験⑤

図22　「国語総合」のテキストシラバス

テキストシラバスでは、『概要』、『学習の目的』、『学習の目標』、『教科書・副教材など』、『評価の方法』、『授業計画』の６項目を作成しました。

『概要』では、まず重要な事項である「選択されている表現から客観的に判断しようとする態度と能力を身につけるための時間です。また、自分の考えをただ相手にぶつけるのではなく、他者の納得や共感を引き出すにはどのように表現すればいいかを考える、実践する時間でもあります。」を先に書き、強調しました。また、『国語総合』は多くの人が履修するという特性上、苦手意識をもっている生徒にも配慮しました。生徒が考えているであろう"「なんとなくこうだろう」と主観的に把握する"ということを記載しました。

『学習の目的』では、親しみやすさを意識して、あえて「～たり」という口語表現を用いました。

『学習の目標』では、学習指導要領との関係性を意識し、「読む」、「話す・聞く」、「書く」、「知識・理解」、「関心・意欲・態度」と観点別でまとめました。

『評価の方法』では、考査、小テスト、課題、グループワークへの評価を、％を用いて表現しました。また、注釈のところにそれぞれの課題におけるフォローを記載し、更に罰則も記載しました。

『授業計画』では、１年を通しての授業の細かな計画である「単元・内容」、「学習の目標」、「形成」、「総括」を記載しました。ここで「学習の目標」としているのは、テキストシラバスの２に相当する『学習の目標』より詳細に書いています。各定期試験範囲を「総括」として書くことで、生徒たちが試験範囲をわかりやすいように意識しました。

4.7.5. グラフィックシラバス

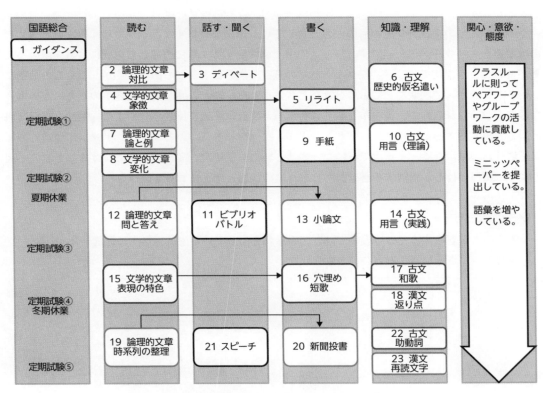

図 23 「国語総合」のグラフィックシラバス

学習指導要領との関係性が明確になるよう、「読む」、「話す・聞く」、「書く」、「知識・理解」、「関心・意欲・態度」と観点別に提示し、「読むこと」でとりくんだ内容が「話すこと・聞くこと」や「書くこと」とつながるように設計しました。また、「読むこと」においては教材名（「羅生門」など）ではなく、その教材を学ぶことがどのような能力の獲得につながるのかを提示するよう心がけました。

　「国語総合」の１年を通しての予定の欄を作成した上で、上記のように観点別に欄を作成しました。更に、授業の役割や論理性を養うことが目的の授業、文学的素養の涵養が目的の授業、それ以外の現代文の授業、そして古文・漢文の授業で色分けしました。また、その色分けされた授業がどのタイミングで行うかということを国語総合の欄の高さに合わせました。

4.7.6.　感想や学んだことなど

　このワークショップで学んだことは、目的、目標、評価に関する情報です。自分が担当するシラバスに目的や目標、評価情報が載っていないということに気づき、またそれが改善点であると感じました。そして、載っている情報を吟味したときに、学習指導要領との対応がわかりやすく理解できる形になっていないと実感しました。「国語総合」の授業については「話すこと・聞くこと」「書くこと」「読むこと」および［伝統的な言語文化と国語の特質に関する事項］をもとに内容を構成しています。それらの項目とクラスの関わり、評価方法が明確ではありませんでした。また総括的評価（定期試験）に非常に大きく依存していました。これは「国語総合」という科目におけるコースデザイン全体に関わる問題でもあるので、コースデザインとシラバス、両方の改善にとりくみたいと思います。

　シラバスについては来年度のものから改善していく形になりますが、私がとりくみたいと考えたのは概要とキーワードの記述です。コースの中では読解する文章に関連して生徒に発言を求めることが多いことが現状です。ペアやグループでの意見交換を促すこともありますが、これらの活動についてもシラバスで説明をしておくべきだと考えました。また、話し手と聞き手の双方にどのような態度が求められるのか、ルールとして共有すると教員は評価に反映させやすく、生徒も視覚情報として理解しやすいというメリットがあります。キーワードについては、コンテンツについての情報を載せるのではなく、１年次で身につけてほしい力を２年次、３年次で身につけるべき学力とどのように関係づけるか検討する必要があり、今後の課題と考えられます。

シラバスの活用：
　多くの人が履修するという授業では、苦手意識をもっている生徒・学生に配慮する。
　親しみやすさを意識するといいかもしれない。

資料　シラバス作成・改善のための対面講座

　第4章で示されたシラバスの事例は、少人数制の対面講座「インタラクティブ・ティーチング」アカデミー（以下、アカデミー）の参加者によるものです。これらの事例がどのような場でつくられ改善されたのかを知っていただくため、対面講座について紹介します。

対面講座の概要

対面講座の基礎情報

　コースデザインをテーマとした少人数の対面講座は、体系的な研修であるアカデミーの一部です。アカデミーはコースデザインの他、アクティブ・ラーニングやクラスデザイン、評価、模擬授業などで構成され、毎回、学校種や科目を異にする約20名の参加者（大学・高校・中学校・小学校教職員や大学院生、企業研修担当者等）が集まります。

対面講座の目的

　コースデザインをテーマとする今回の対面講座では、「シラバスを学習者の学びを促す授業をデザインするツールとしてとらえなおし、実際に作成できる」という目的が掲げられました。より具体的な到達目標としては、下記の三つです。

> ### 対面講座における到達目標
>
> ① コースデザインとシラバスの意義を説明できる（事前学習に対応）
> ② 自分の授業の目的・目標を明らかにし、グラフィックシラバスを作成できる（午前の内容に対応）
> ③ 持参したシラバスを学習者の学びを促すシラバスとして改善できる（午後の内容に対応）

対面講座の構成

　上記の目的・目標を達成するため、本講座では、動画や書籍を用いた「事前学習」の場を設けるといった工夫をしました。これにより、参加者は、コースデザインに関する基本的な知識を共有した状態で対面講座の日を迎えます。独習でも学べることは事前学習にまわし、対面講座では「ここでしかできないこと」（集っているからこそ学べること）に集中できるようにしました。これより、各プログラムの詳細について時系列に従って見ていきましょう。

事前学習

事前学習の内容

　参加者全員には、以下の二つが事前学習として課されました。先述のとおり、三つの到達目標のうちの「コースデザインとシラバスの意義を説明できる」に対応するものです。

参加者に課された事前学習

① 動画「インタラクティブ・ティーチング」week 5「もっと使えるシラバスを書こう」を視聴する
② 書籍『インタラクティブ・ティーチング』第5章「もっと使えるシラバスを書こう」を読む

　事前課題として視聴する動画は「利便性」を意識して細切れの教材とし、より詳細な情報について書籍で確認する形にしました。また、「学習仲間の存在」を意識して、事前学習の内容について実施者との間や参加者相互で意見交換ができる場としてグループウェアを活用し（図24）、事前課題にとりくむためのペースメーカー的役割やコミュニティ形成を目的としたファシリテーションを組み込みました。

図24　グループウェア（Slack[13]）を用いた事前学習のファシリテーション

対面講座

概要

　参加者は、事前学習を行いコースデザインとシラバスの意義についての共通理解を得て対面講座に臨みました。その内容は、先述のとおり、三つの到達目標のうちの「自分の授業の目的・目標を明らかにし、グラフィックシラバスを作成できる」、「持参したシラバスを学習者の学びを促すシラ

13　Slack：ビジネスチャットツールとして開発されたものですが、教育現場で導入される機会も出てきています。講師側からのみならず受講者側からの発信も可能であり、双方向的なコミュニケーションを促すことができます。また、チャンネルを自由に追加できるため、図24のように、配布資料については特定のチャンネルに一元化して所在をわかりやすくするといったことも可能です。

バスとして改善できる」に対応するものでした。具体的には、以下の表9のようなスケジュールで実施しました。

表9　スケジュール

【対面講座】
10:00〜10:15　趣旨説明
10:15〜10:30　事前学習の内容確認
10:30〜12:30　グラフィックシラバス作成演習
13:30〜15:30　テキストシラバス改善演習
15:45〜16:15　改善案のその場での反映
16:15〜17:00　まとめ

　まず、「趣旨説明」において、本日のプログラム全体の目的や構成、本講座におけるルールを確認した後、協力的な環境をつくることを目的に参加者同士の自己紹介を行いました。

　次に、「事前学習の復習」についてグループワークを交えて行うことで、知識の定着をはかりました。ここでは、シラバスの役割について改めて確認しました。

　そして、「グラフィックシラバス作成演習」では、自身の授業のグラフィックシラバスを作成するワークを行いました。学習者の学びを促すようなコースデザインができているかをグラフィックシラバスによって可視化し、より良いコースデザインを練る点に、その狙いがありました。

グループワークによる参加者の学びあい

　午後の「テキストシラバス改善演習」では、午前の演習で学んだポイントおよび「シラバス・ルーブリック」（授業が学習中心にデザインされているかを定量的・定性的に評価するために、バージニア工科大学で開発されたもの）をふまえて、自身の授業のテキストシラバスを改善するワークを行いました。個人での改善とグループでの意見交換を繰り返すことで、コースデザインのみならず細部まで含めて学習者の学びを促すようなシラバスとなっているかを確認しました。

　続く「改善点のその場での反映」では、午前や午後の演習で気づいた改善点・改善案を記憶が鮮明なうちにその場で反映させました。

　最後の「まとめ」では、本日学んだことや疑問に思ったことと、それをふまえて翌日以降に各人の現場にもち帰るものとを、グループワークや質疑応答を通して、確認しました。

おわりに

　『インタラクティブ・ティーチング』実践編の第1巻が刊行されてから本書が刊行されるまで、長い時間が経ってしまいましたこと、まず、はじめにお詫び申し上げます。そして、こうして刊行に至りまして、大変ほっとしております。

　本書の原稿を執筆していた2020年から2022年は、大学はまだまだコロナ禍への対応が続いている時期でした。しかし、コロナ禍の初期からは少し時間が経過しており、本格的にウィズコロナを考える時期に入りはじめた頃ともいえます。

　そのなかで、授業スタイルとしてリアルタイムのオンライン授業やオンデマンド授業、そして、対面とオンラインを組み合わせたハイブリッド授業が、従来の対面授業に加えられ、よりよい教育に向けた定着の試行錯誤が続けられています。

　こうした新しい授業スタイルの定着を機に、あらためて授業を見直すとき、シラバスは授業デザインのツールとして有効です。本書によって、シラバスがよりよい授業を行うために、今までよりももっと役に立つものであるという認識をお持ちいただけたら、幸いです。

　今回の書籍の刊行にあたり、日本教育研究イノベーションセンターの皆様には「インタラクティブ・ティーチング」アカデミー実施の支援と本書籍への助言をいただきました。また、参加者の皆様には貴重な事例を提供いただきました。河合出版には、『インタラクティブ・ティーチング』に続き本書籍の刊行を決定いただきました。河合塾の皆様および東京大学大学院総合文化研究科の西千尋さんには，進行管理と最終的な原稿の確認をいただきました。これらの皆様はじめ多くの方々にご協力いただきましたこと、心より感謝申し上げます。

2023年6月
中村長史・栗田佳代子、執筆者一同

執筆者（五十音順） ＊2023年3月現在

編者・執筆者
栗田 佳代子　東京大学大学院教育学研究科（第1章、第2章、第3章）
中村 長史　東京大学大学院総合文化研究科（第1章、第2章、第3章、資料）

執筆者
西 千尋　東京大学大学院総合文化研究科（第4章）

事例提供
東海林 志緒　千葉県立高等学校
関戸 大　神山まるごと高等専門学校
中田 亜希子　東邦大学医学部
村嶋 美穂　立教大学経営学部
吉嶺 加奈子　防衛大学校人文社会科学群
渡邊 あゆみ　埼玉医科大学短期大学看護学科

グラフィックシラバス提供者
穴井 宏和　立命館大学大学院経営管理研究科（図7）
今井 葉子　東京大学大学院工学系研究科（図8）
及川 真実　東京薬科大学生命科学部（図5）
江 欣樺　東京大学未来ビジョン研究センター（図9）
強谷 幸平　東京大学大学院人文社会系研究科（図10）